新人間
902

人在歐洲

龍應台◎著

ISBN 957-13-2387-X

目次

一隻白色的烏鴉

——《人在歐洲》序

龍應台

那一天晚上，有香港來的董橋夫婦、爲《當代》雜誌獻身的金恒煒夫婦、剛從瑞士回國的我，和從通霄北上、一身鄉村氣息的七等生。

我們談到民族主義和世界公民的問題。地球村裡，人與人的關係越來越密切；臭氧層中一個破洞，對紐約高級住宅區中紳士淑女的影響和對南美叢林中的印第安部落土著的影響一樣。伊索比亞的飢民手中的奶粉來自瑞士，也來自加拿大。到一九九二年，整個西歐要變成一個沒有國界的大邦聯。在這個彼此息息相關的新世界裡，民族主義是不是該淡化？

「種族、國界，對我都沒有意義，」七等生說，「我相信人的價值是唯一的價值；那價值是共通的……」

與我初識的七等生，留著齊頸的長髮，用溫文而緩慢的聲調講話，講的是他對四海一家、人皆兄弟的信念，眼睛裡透著夢幻似的光芒。

我心裡暗笑：完了，碰到了一個比我還嚴重的理想主義者！

在殖民地生長生活的董橋往夢幻騎士的頭上澆下一杯冰涼的水：

「你有這四海皆兄弟的想法，但是人家把你當兄弟嗎？」

「弱勢民族有沒有資格談四海一家？」一向思考敏銳的金恒煒也澆下一杯冰水。

「走在瑞士的街頭，無知的人不是把你看作泰國來的妓女，就是當作柬埔寨的難民；對你不是輕視就是屈尊的同情。這個時候，你怎麼來跟他談『人的價值是唯一的價值』，我們是兄弟姊妹？」我也惡狠狠的當頭傾下一桶冰水。

溫柔的七等生成爲衆矢之的，面對著齜牙咧嘴的我們。

那個時候的我，在瑞士住了第一年，確實是不太愉快的。收在《人在歐洲》這本書中的一篇文章〈泰國來的？〉，寫出了歐洲人對亞洲人不甚自覺的歧視。然而在現實環境中，又確實有那麼多泰國來的賣春女郎、爲換取護照而結婚的亞洲女子、背井離鄉爲生活奮鬥的亞洲難民；我沒有辦法改變人們的成見，而又必須每天面對這些成見，心情自然是不愉快的。

董橋終年生活在殖民文化的夾縫之中，對民族主義問題自然敏感。恒煒一向有世界視野，又在種族雜處的加州生活過幾年，對強弱民族間的矛盾也難免有所感觸。而我，一年來老被人問：「您是泰國人嗎？」和幼兒走在街上，陌生人會走過來，塞給我幾塊瑞幣，「給可愛的孩子買點東西！」他們親善的說，那是使我覺得有點難以消化的親善。我開始重新檢討自己以前對民族主義的批評。而七等生，沐浴在太平洋的海風中，面對的不同「種族」是客家人、閩南人、外省人……他應當可以諒解為什麼我們幾個人渾身是刺。

在國際筆會上，我看見白人作家站在臺上，慷慨激昂的發表演說；穿梭會場之中，又受鎂光燈及人羣的包圍與簇擁。我看見黑皮膚、黃皮膚的作家，安靜而謙遜的隱沒在各個角落裡。而黑皮膚、黃皮膚的作家對彼此也沒有太大的興趣；他們的眼光，也專注的落在白種作家的身上。這個世界是現實的：讓一個白種作家或記者注意到你，比讓十個或一百個「第三世界」作家或記者注意要有價值得多。要將自己的「商標」打進世界文學這個「超級市場」，只能依靠白人的發掘、引進、宣傳。

去年在瑞士開的筆會，在我眼中，充分流露著白種作家的自我中心、自我膨脹。我開始考慮到自己作為作家的立足點問題。我從來沒有想過自己是第幾世界的作家，經過一場筆會，卻猛然發覺，啊，在這些白人眼中，我自然是個第三世界的作家，完全不屬於歐美那「第一世界的圈子。

然而我對第三世界的了解遠遠不如我對歐美的了解；我對第三世界的認同感遠遠不如我對第一世界的認同來的強烈。但是第一世界並不承認我的歸屬。

有一隻烏鴉，爲了混進雪白的鴿羣，將自己的羽毛塗白，但白裡透黑，被鴿子趕了出去；回到鴉巢，因爲黑裡透白，又被烏鴉驅逐。

這就回到了「公審」七等生的問題：別人不把你當兄弟時，你如何與他稱兄弟？

就個人藝術創作的層次而言，這些立場、認同等外圍問題可能都是最不重要的考慮。一個作家以手寫心之所至，是水到渠成的事，與他屬於第幾世界可以沒有任何關聯。然而就地球村的整體文化而言，白種文化的絕對強勢所造成的世界同質化傾向，對弱勢文化中的作家毋寧是一種危機，一種威脅。他會發現整個世界都在用一把尺——以強勢文化所核定的刻度——衡量他的價值，而這把尺，很可能是他完全不能接受的。

狹隘的民族主義是塊砸自己腳的石頭；有些基本信念，譬如公正、自由、民主、人權等等，必須超越民族主義的綑綁。但是弱勢文化中的作家或許應該結合力量，發出聲音，讓沉浸在自我膨脹中的白人社會產生些微不安；因爲有一點不安，他就不會盡興的膨脹。談四海一家，必須先站在平等的立足點上。

「公審」七等生之後，又過了八個月，我身上的刺卻落了很多，因爲我發覺，在所謂種族歧視上，各個民族其實是相當平等的，也就是說，一個西洋人在臺灣或中國所可能受到的「歧視」並不低於我在歐洲受到的「歧視」。

一個瑞典的醫生在臺北學中文。語文中心一位工友爲細故而罵他爲「洋鬼子野蠻人」。醫生正式去函中心主任，要求工友道歉。兩人相對時，主任對工友說：「你不要叫他野蠻人嘛！人家聽了心裡多難過。」

在蘇黎世的街頭，瑞典朋友微笑的爲我敍述這個小故事，我當街大笑起來。中心主任話裡的意思當然很明白：我們都知道西洋人是野蠻人，但是不要說出來，傷了感情。

在「野蠻」的瑞典，被判了終身監禁的重犯還有假期；不久前一個間諜在與妻子「度假」的時候溜跑了，西方諸國引爲笑談，瑞典不以爲忤，堅持「犯人也有人權」。在「野蠻」的瑞典，沒有人會因爲付不起醫藥費而被拒於醫院門外，沒有鰥寡孤獨年老者會因爲無人撫養而死去。在「野蠻」的瑞典，沒有人會因爲「言論不當」而被囚禁起來，也沒有人會把幼女販賣到妓院作爲雛妓。

一個來自高度文明的歐洲人被中國人看作「番子」，我這個自視甚高的亞洲作家被歐洲人看作從良妓女、難民，我們的感受是一樣的。我在歐洲所面對的誤解、歧視，其實不是歐洲人的弱點，而是「人」的弱點吧！

或者作夢的七等生竟是對的。

《人在歐洲》是我旅瑞一年半的心路，大部分的文章都在《九十年代》、《文星》以及〈時報・人間〉副刊上發表。從《野火》到《人在歐洲》，我好像翻過了一座山，站在另一個山頭上，遠看來時路，臺灣隱隱在路的起點。離開瑞士，移居西德，眼前又是一條岔路，我漸行漸遠漸深沉，但路則像一根綿延的帶子，繫在胸間，時時感覺那起點的扯動。

一九八八年五月於蘇黎世

人在歐洲

往天堂的路上

從遙遠的歐洲看臺灣，反而覺得臺灣是個成長健康、生機盎然的國家。

離開了紛紛擾擾的海島，拉遠了距離，臺灣就成爲眾多國家之一。從左到右畫一條直線，最左的一點代表極度的貧窮、動亂、極權；最右的一邊代表富庶與民主、安定。那麼臺灣應該擺在中間偏右吧！在它的左邊，數都數不清的國家中，每年有數都數不清的兒童因爲營養不良而慢性的餓死。也是個島國的海地，有百分之七十五的人口活在飢餓的邊緣，每一千個生下的嬰兒中，一百一十二個將要夭折，百分之八十的人口不識字，百分之五十的成人沒有工作餬口，每八千人之中才有一個醫師。海地人的平均壽命不到五十四歲。

在臺灣的左邊還有數不清的國家傾家蕩產的打著不知道爲誰打的仗。伊朗與伊拉克打著「聖戰」；十三、四歲，應該在玩彈珠、騎腳踏車的少年揹著步槍去殺人；在操場上玩泥巴的小學生被炸彈炸得肢體破碎。尼加拉瓜的老百姓小心而緊張的護著自己的子女，怕他們突然失蹤；半夜敲門搜家的不知道是誰，可能是政府軍，也可能是游擊隊；可能是極右派，也可能是共產黨。

在臺灣的左邊，還有許多許多的國家，那兒的人民是聾的、是啞的，因爲不聾不啞的都已經被囚禁或者殺害了。在比較惹人注目的國家中，譬如蘇聯，譬如中國大陸、南非，哪個不怕死的知識分子因爲說了什麼話而受到什麼懲罰，還有西方的報紙提上一筆。在絕大部分的聾啞國中，譬如越南、緬甸、羅馬尼亞，思想言論的箝制根本和日光、空氣、水一樣的構成生存的一部分，已經沒有人去談論迫害。言論自由根本不可想像，不必想像。

在臺灣的右邊，卻也有許多國家，那兒的孩子個個有豐潤健康的臉頰，自己的房間裡有一櫥一櫥的玩具；每年夏天父母開著旅行車上山下海的去度假，把皮膚曬得紅紅的，再回到裡邊鋪著地毯、外邊圍著草坪的家。那兒的人沒有什麼恐懼，跟任何人，對任何事情，都敢辯論，不怕因爲批評了當局而突然失蹤或者「列入記錄」。在美國，總統爲了軍售的事正在受人民的彈劾。在日本，不滿意的羣眾正在燒首相的人像。在法國、西班牙，學生正在與教育部對抗，抵制後者的新政策。這些國家中的人民基本上認爲自己一介匹夫有權決定國家的前途。

瑞士，在這條線上大概占著非常前進的一點。一個瑞士人的一生——和海地人很不一樣——大致是這樣的：他出生在一個乾淨的醫院裡，享受最細心的照顧與最完善的設備，而一切的費用由醫療保險擔負。他從小學讀到大學，不需要一塊錢學費，只要他有足夠的天分。如果他不幸是個殘障人，有特別的殘障學校等著照顧他，用許多菁英頭腦所研究出來的方法開導他僅有的智能。長大之後，他不愁沒有工作，因爲這個國家沒有什麼失業率（連西德都有兩百萬人失業）。他病了，有全面的健康保險；老了，有充裕的退休金。一個人工作之餘，就去享受瑞士清明的山水或到世界各個角落裡去旅行。

一個德國人走在蘇黎世的街上，看看河岸上古色古香的房舍，嘆了一口氣說：「唉！這一看就知道是個沒有受到戰爭毀壞的國家！」

人間的天堂，不過如此吧？

可是，你問那個搭電車的老婦人：「耶誕節愉快嗎？」

她浮腫、多皺紋的臉顯得很猶疑：「說不上愉快——我沒有子女；老伴死了。過年過節都是一個人在家裡……」

你問那個未婚媽媽：「最近好嗎？」她搖搖頭，把嬰兒繫在胸前，說：「怎麼好得起來？

又要外出賺錢，又要照顧小孩，累得跟狗一樣，人生眞沒有意思……」

你問那正在成長的少年將來想做什麼，他茫然的說：「不知道！好像沒什麼可做的！」瑞士有著相當高的青少年自殺率。

原來生老病死孤寡離別的痛苦並不因爲是人間的天堂而消失。「天堂」可以給孤寡的老婦人養老金，但不能給她嘻笑繞膝的孫兒。「天堂」可以給未婚的母親救濟金，但不能給她一個充滿愛心的丈夫。「天堂」可以給茫然的少年所有的學費，但是不能給他一個生活的目的，使他熱情而快樂的去追求。

臺灣距離人間的天堂仍舊非常的遙遠。偏僻的鹽鄉、山地裡，還有爲三餐煩憂的貧民。出了事的礦工與家屬得不到生活的保障。幼兒園大部分不合標準，兒童沒有最好的照顧。殘障人仍舊普遍的受到歧視與忽視。少數民族仍舊處於次等人的地位。汚染的問題更嚴重，日光、空氣、水、土地，都摻進了人所製造的毒素。政治的公平與民主也相當受到局限；言論思想的自由、人民參政的權利、政黨競爭的空間等等，都還在「半開發」狀態。

可是，和安靜的人間天堂比起來，臺灣卻像一團滾動的火球，燃燒著強烈的生命力。這一年來的臺灣，香港的雜誌稱爲臺北最和暖的春天，鋪著腐葉的土地要綻出成千成百的綠苗，擋也擋不住的奮力往天空抽長。臺灣的種種病態與問題，就像土地上的腐葉，越是因爲它腐爛，土地越肥沃，新的芽長得越熱烈。青年學生努力爭取校園民主，中年人努力拯救敗死的淡水河，婦女努力援助受害的雛妓，從政者努力促成憲法的落實。生存環境中種種的問題似乎使臺灣人活得特別起勁，像一顆拚命長大的樹，聽得見它年輪擴張，舊樹皮綳裂的喀喀聲音。

在臺灣的左邊有許多國家或者還在懵懂的冬眠狀態，或者在毀滅性的混亂狀態；在臺灣右邊的許多「先進」國，該變的早就變了，社會程序條理井然，無聲的運轉著。臺灣卻是囂聲震天，一片蠢動紛擾！有人擔心亂嗎？其實不必，因爲這囂聲與蠢動都是舊樹皮喀啦喀啦綳裂脫落的聲音，透著可喜的生命的氣息。

生長在人間天堂的青少年茫然的說：「不知道，好像什麼都有人做過了！」不錯，整個社會架構在他祖父那一代就已經堅牢的釘實了。臺灣的社會在天堂與地獄之間，青少年就沒有「茫然」的必要，需要他拎起錘子努力釘釘補補的地方太多了。正因爲臺灣有種種的不好，人們有很明確的努力的目標；對於懷有社會使命感的人來說，臺灣比任何一個「天堂」國都要來得精采，因爲它「有可爲」。

騎駱駝的自由人

計程車司機身手矯健的把我們的行李一件一件拎進車裡，滿面笑容的說話：「第一次來雪梨嗎？有沒有到北方去？北方好呀，天氣暖，可以游泳……」

像個南方人似的，他比手畫腳的講話，有時候，兩隻手都離開了方向盤。愛講話的計程車司機往往能使人在半小時之內一瞥市井小民的生活與心態。

「你滿意現任的澳洲政府嗎？」

不滿意的人似乎很多。大學教授抱怨所得稅太高，生意人抱怨經濟不景氣。「以前是一塊澳幣對一塊美金，現在一元澳幣只能換他媽的六毛美金，錢都不算錢了！」在機場聽一個作毛皮生意的人很不高興的痛罵現任的賀克總理。

留著小鬍子的司機卻給了我不同的答案：

「當然滿意！你別聽那些老澳滿口怨言，我告訴你，他們都被寵壞啦！是因爲以前的日子都太享受了，現在稍微一吃緊，就受不了。像我們這種新澳人才知道什麼叫苦呢！」

「你是哪來的？」

「哈！你看不出來？我是巴格達人，巴格達，伊拉克的首都，聽過沒有？怎麼來到澳洲？說來話長。

「我十七歲就被抓去當兵了，去跟以色列打六日戰爭。塞給我一把俄國人製的步槍，對面走來一頭大象我都打不著，以色列人眞要我們命的話，我們一個都活不了。仗打完，我退伍了，嘿，國家又需要你了，又有仗打了，再入伍！跟誰打，爲什麼要打，打到什麼時候，我都不知道。眼看著這一輩子都要活在『國家需要你』的召喚之下，我就逃到科威特去——聽過科威特沒有？

「逃兵被抓到是要槍斃的，所以我就跑到英國領事館要求庇護：英國人說：到英國幹什麼？澳洲人少，機會多，去澳洲吧！

「你瞧，我就在這兒留下來了。我也不是不愛國，我愛伊拉克的土地，伊拉克的人——可是，那樣的國家，那樣的政府，你要我怎麼愛它？來到澳洲，我努力工作，現在我有一棟自己的房子，不豪華，可是很舒服。這輛計程車也是我自己的，沒有什麼老闆。我有一個太太、一個小孩，我愛他們。……

「如果留在伊拉克愛國的話，我早就是愛國的砲灰了。你說，我對澳洲感激都來不及，怎麼會抱怨？」

在這個廣大的世界中，他只是一個移民，一個追求幸福的個人；在他的祖國伊拉克，他卻是個逃兵、叛徒，任何人都可以舉槍殺他。讀過一篇文章嚴厲的指責中國大陸的人如何不擇手段的尋求出國途徑，包括以出國爲目的的假結婚。事實上，應該受到指責的，是這些不擇手段棄國的人，還是那個迫使它的人民不擇手段逃亡的「偉大祖國」？是人民對不起國家呢？還是國家對不起人民？

這個問題，有許多國家是不會問的。柏林圍牆正在「慶祝」二十五周年；東德的政治領袖公然說他們以圍牆爲榮，牆立了之後，國家更富強了。但是牆裡被死死鎖住的人，仍舊以生命爲賭注，往牆外衝，衝不出來寧可死在鐵絲網下。這些棄國的人所想問的，不是「你爲國家作了些什麼」，而是「國家爲你作了些什麼」。

雪梨的街頭點上了燈火，計程車轉入一條林蔭大道，旅館就在前頭。

「澳洲白人歧視你嗎？」我問。

「哈！有什麼好歧視的，」他雙手一攤，「老澳嘲笑我是騎駱駝的，說我怎麼講話比手畫腳，我就說，比手畫腳是因爲我沒有鐐銬，不像澳洲人，當年可是五花大綁被押著來的！」

給我一個中國娃娃

走出法蘭克福機場，迎面而來一對操美國英語的黑人夫婦，牽著個兩三歲的小女孩。黑人的小孩特別可愛，眼前這個小把戲也不例外：皮膚黑漆發亮，眼睛很大，黑白分明的瞳孔中透著清純的稚氣。鬈曲油亮的辮子在頭頂上一晃一晃的。

正要擦身而過，瞥見小女孩一手緊緊摟在前胸的洋娃娃：啊，是個黑娃娃！黑漆發亮的臉，黑漆發亮的頭髮，繡花的袖子裡伸出黑漆發亮的小手。

從來沒見過黑的洋娃娃，所以稍稍吃了一驚。小女孩回眸望了我一眼，嬌愛的微笑了一下，逐漸遠去。我開始領悟到自己的吃驚包含了多少愚昧：黑頭髮、黑眼睛、黑皮膚的孩子，爲什麼要玩金頭髮、藍眼睛、白皮膚的娃娃？小孩抱娃娃，往往是一種自我的投射，黑孩子玩黑娃娃是天經地義的事，我卻吃了一驚。

如果看見一個黑頭髮、黑眼睛的中國孩子玩一個和他長得一模一樣的黑髮黑眼睛的娃娃，我是不是也要覺得訝異呢？事實上，我從來沒有見過中國娃娃。站在玻璃櫃上穿羅戴玉的王昭君或舞姿娉婷的美女，都是僵硬而易損的，只供觀賞；讓孩子抱在懷裡又親又咬又揉搓的，都是「洋」娃娃，藍色的眼睛一眨一眨的。

嘿，這是個國際化多元的世界，玩外國娃娃沒什麼不對。我也同意，可是，如果只是國際多元的現象，為什麼我們的孩子沒有黑人娃娃、印第安娃娃、埃及娃娃，而是清一色的白種娃娃？再說，在開拓到外國娃娃之前，總要先有自己的娃娃。黑髮黃膚的小女孩在「家家酒」中扮演媽媽，她愛撫的「嬰兒」卻跟自己一點也不像，不免令人沉思：中國的娃娃到哪裡去了？

現代的中國人認為西方人比較漂亮，我們對自己的認可也變成深目、隆鼻、豐乳、長腿的追求。以少女為對象的雜誌，每一頁都是金髮的模特兒。我們的孩子上美術課，信手畫出來的人像，一個一個赫然是西方人的臉型。把這些跡象整合起來觀察，中國孩子抱「洋」娃娃的現象，就不是那麼單純了。

有一回在臺北市坐計程車。長得橫眉豎目的司機悶聲不響，很嚴肅的神情，猛然一個大轉彎，他卻失聲大叫：

「你看，你看，街角那四隻……」聲音裡充滿興奮。

四隻什麼？狗嗎？我轉頭探看，看不見什麼。司機繼續說：

「哇，有夠大！又那麼黑，暗時睹到會驚死人！」

他指的，原來是四個正在等紅綠燈的黑人。

種族歧視絕對不是西方人的專利，中國的大漢民族要搞起歧視來，比誰都不差。不同的是，以前，我們自認是最優秀的民族，異族非番即蠻。現在，我們接納了白種人的世界觀：先進的白人高高在上，膚色越深，層次越低。中國人自己，就在白黑兩極之間。

對於白人，我們或者諂媚，或者排斥；對於黑人，那位計程車司機的心態相當典型。對於膚色與自己不相上下的其他亞洲人，我們沒有興趣——有誰談印尼的文學？有誰注意印度的發展？但是，一旦西方人開始「炒」印尼文學，或印度的發展，我們馬上就會跟進。你相信嗎？

美國的黑人也是經過許多年的掙扎，才贏得今天還不算十分堅強的民族自尊。有思考力的黑人經過無數的反省、質疑、追求，才發出「黑就是美」的吶喊；是這聲覺醒的吶喊，使法蘭克福機場的那個黑女孩手裡擁抱著一個和自己一樣黑的黑娃娃。中國在西方的陰影下生活了很久，但是今天的臺灣似乎已經開始有足夠的知識與智慧去抗拒這個巨大的陰影：對於現行價值觀的重新檢閱、反省，應該是建立民族自尊的第一步。

給我們的孩子一個中國娃娃吧！

清道夫的秩序

清道夫

有一年冬天，清晨五點，我們的車子在漫天冰雪中小心的摸索，趕往法蘭克福機場。落了一晚的雪，清晨才停，整個世界一片濛濛的灰白。松樹支撐著厚厚一層白雪，沉甸甸的低垂下來。

用僵硬的冰手抹抹結霜的玻璃，看得清楚一點。古老的小鎮在雪的覆蓋下沉睡。人行道上卻有一個孤單的人正在剷雪；很用勁的，彎腰剷起一把雪，拋在小路的兩邊，一剷又一剷，他的鼻子前一股白氣。

這麼早就起來工作了？我想著。他的腳前是幾寸高的白雪，他的腳後卻是一段乾淨的路面，窄窄的，剛好讓一個人走路。

綠燈亮了，我們的車子就沿著他背後已經剷過的小路前進；一直到遠離了小鎮，進入了荒野，再回頭，我突然醒悟到那條剷過的人行道有多麼長，從紅綠燈處一直綿延到小鎮與荒野的交界。一剷又一剷的白雪，那麼，我不禁問自己：那個人從幾點鐘開始工作的呢？

這個剷雪的人，用中國話來說，是個「清道夫」。沒有人要求他提早三個小時上工，但是昨晚落了一場大雪，他如果不三更半夜就開始剷雪，第二天清晨上班的人們、上學的小孩，就必須在極深的雪中跋涉。

清晨六點，他已經清出了很長的一條乾淨的小路。他有什麼樣的社會地位？他有多高的收入？是什麼信念使他在天寒地凍的凌晨時刻做他分外的苦工？或者，他認爲他只是在盡力把分內的工作做得完美？

秩序

高速公路上堵車。大概又是車禍。講究秩序與條理的德國人在公路上卻追求自由放任；因爲沒有時速限制，一輛比一輛開得快，賽車似的，但是一撞，也就一輛撞進一輛。一兩百公里的速度下肇成的車禍，不是死亡就是嚴重的殘廢。

一寸一寸的往前移動，慢得令人不耐，但是沒有任何車子脫隊超前。近乎平行的交流道上也塞滿了車，也是一寸一寸的移動。二十分鐘之後，我們的車熬到了與交流道交會的路口，我才猛然發覺這兩條路上的車子是怎麼樣一寸一寸移動的：在交口的地方，主線前進一輛，交流道接著吐進一輛，然後又輪到主線的車，然後是交流道的車……像拉鍊似的縫合，左一輛、右一輛、左一輛、右一輛，而後所有的車都開始奔馳起來。

這樣的社會秩序來自一種群體的默契。不需要警察的監視，不需要罰規的恐嚇，不需要紅綠燈的指示，每一個人都遵守著同一個「你先我後」的原則，這又是非常簡單的原則：秩序，是唯一能使大家都獲得應有利益的方法。

很簡單的原則，很基本的默契，但是這種個人與群體的默契從什麼時候開始有的呢？

罷視

巴伐利亞沛茲堡的一萬四千個居民決定「罷視」：整整一星期不打開電視。鎮公所安排了露天音樂會、爬山、晚會等等，讓人們消遣。

這有什麼了不起嗎？有。首先，小鎮居民表現了對大眾文化反省批判的能力：電視，就許多方面來說，和尼古丁、酒精、大麻煙一樣控制人的心智。更難得的，是居民竟然能夠將這種批判訴諸行動，集體來封鎖電視。當一個人抱怨電視節目水準低落，他只是一個可有可無的個人，當一萬四千個人起而「罷視」，就變成電視企業不敢輕視的力量，這個力量因而保障了渺小的個人，給予他尊嚴。

臺灣的電視觀眾在咒罵之餘，有沒有這一萬四千個人的果決呢？

蕃薯

洋葱、花菜、胡蘿蔔、青椒……一籃一籃蔬菜水洗過的青翠。我拎起一個沾了土的蕃薯，心裡一陣喜悅：十個月大的孩子今天將吃他生命中第一口蕃薯，世界上有這麼多甜美的東西等著他一件一件去發現，眞好——

「你們怎麼處理蕃薯的？」有人在背後問我。

是個五十幾歲的婦人，帶著謙和的微笑。不等我回答，又繼續說：「我只會放在水裡煮一煮，你們東方人一定有比較高明的吃法……」

也許，但是我這個東方人只會把蕃薯丟在水裡煮一煮。實話實說，她顯得相當失望。

站在人行道上，蘇黎世的陽光，到了十一月居然還是暖暖的。手裡拎著一只蕃薯，跟這個婦人說話。

「我是以色列人，在蘇黎世住二十幾年了。不，我不喜歡瑞士！」

不喜歡這個多少人夢寐以求的國度？爲什麼？

「工業高度的發展，環境都被破壞了，你看，樹也被砍了，草原上蓋房子，大自然愈縮愈小……」

她抱怨著，我心裡在說：婦人，你簡直人在福中不知福，在瑞士說環境汚染？我看到的湖，清得可以數水中的水草石頭，雪白的天鵝、黑色的野鴨在霧中若隱若現，栗子落進湖裡幾聲滴答。我看到一里又一里的草原，草原邊有鬱鬱的森林，林中有潮濕長著果莓的小徑。蘋果樹紮根在草坡上，熟透的紅蘋果滾下坡來，被花白的乳牛蹄子踩碎。牛脖子上的鈴鐺在風裡叮噹叮噹傳得老遠。

而她在抱怨大自然的破壞？

「我比較嚮往你們中國：人與大自然和諧的共存，尊敬大自然，體認人的渺小……」

我忍不住笑起來。又是一個嚮往東方文明的西方人！她大概在書店裡買了兩本封面優雅的介紹東方哲學的書，用空靈的畫與空靈的文字談禪家、說老莊。她怎麼不知道哲學與現實生活的距離呢？或者曾經有個中國人熱切的告訴她，中國是如何如何的與天地爲一體，她顯然不知道洞庭湖三十年來縮小了一半，也不知道這五年來，中國大陸的森林面積每年減少兩千多萬畝，更不知道臺灣的人日日在呼吸污染的空氣，在幾近「死亡」的河流中捕捉含金屬的魚；山林缺少水土保持，年年鬧水災……

「我也不喜歡瑞士人的物質主義，一心一意只是錢、錢、錢。有了錢要賺更多的錢，有了大房子要買更大的房子。他們根本忘記了如何簡單的去生活。你們中國人就不會這麼功利，你們比較講究精神性靈上的追求，對不對？」

對不對？望著她熱切的眼睛，我尷尬著不知說什麼好。

「而且，在瑞士，人的心很冷，人與人的距離很遠。每個人都守著自己美麗的房子、昂貴的汽車、漂亮的花園，可是人與人之間沒有溫情，房子越大，人越寂寞。你們中國人很講感情的，不是嗎？」

「是的，」我很肯定的回答，她開心的笑了。可是，我沒有辦法對她解釋中國人與瑞士人一個重要的不同：中國人對「自己人」講感情、重道義，對陌生人卻可以輕易踐踏。擠車時用肘把別人推開、停車時堵住別人的車子、垃圾倒在別人的牆角下，害的都是不認識的陌生人。一旦是「自己人」，他卻會熱情的給你各種優待，讓你不排隊可以買到票，使你不掛號可以看醫生，不交錢可以成會員等等。瑞士人或許對「自己人」非常冷漠，但他們對「陌生人」卻顯得相當「溫情」，我若牽著幼兒的手出去，一副「婦孺狀」，一路上不斷有人幫我開門、關門、提菜籃、推嬰兒車，連公共汽車都會在開動之後又特別爲我停下來。

「住上幾年你就會知道，」婦人握著我的手道別，「瑞士實在不可愛！你一定會想念中國的。」

我已經在想念中國了，可是我想念的中國不是她包裝精美的東方幻想國，而是一個一身病痛但生命力強韌的地方。

拎著蕃薯回家，要放在水裡煮一煮。

想念草地郎

如果閉著眼睛讓天方夜譚的神毯帶你飛到一個陌生的國度，就在市集中讓你降落；睜開眼，你如何分辨這究竟是個已開發先進國，還是個所謂的「開發中」國家？

很簡單，你說。先看房屋建築，如果是光潔照人的高樓大廈，屋與屋之間有雅緻的綠地庭園，這大概是先進國。再看道路，如果路面鋪得密實平整，人行道上每幾步就有株樹，每個街角都有街燈，這大概是先進國。在路上跑的東西，如果大多是四個輪子的車輛，在十字路口憑著交通標誌整齊的來來往往，這大概是個先進國。

相反的，如果映入眼瞼的是草棚木椿搭湊起來的住屋，道路上一步一個水坑，泥濘滿地，路上擠滿了二、三、四個輪子拼湊而成的交通工具，牛羊豬馬與駱駝在人與車之間穿梭，牛鳴與喇叭震得耳根發麻：這，當然是個「開發中」國家。

但是這些表象的指標不可靠。你可以湊巧降落在香蕉共和國國王的官邸前面：國王以救濟災民爲名目向聯合國借了兩億美元，用這兩億美元在你面前建了一整排光潔照人的高樓大廈，鋪了一條寬大平坦的柏油路，從他家門口直達飛機場，方便他在政變時順利出國。制服英挺的警察站在路中心指揮交通，豬馬牛羊若闖入這個區域格殺勿論。你，很容易被騙的。

所以你開始觀察細節。最好來一場傾盆大雨，足足下它三個小時。如果你撐著傘溜達一陣，發覺褲角雖濕卻不骯髒，交通雖慢卻不堵塞，街道雖滑卻不積水，表示地下排水系統與都市計畫配合得相當密切，這大概是個先進國家。如果一場大雨使你全身泥濘，汽車輪子陷在路坑裡，積水盈尺，店家的茶壺、頭梳漂到街心來，小孩在十字路口用鍋子撈魚，這大概是個「開發中」國家——它或許有錢建造高樓大廈，卻還沒有心力去發展下水道；高樓大廈看得見，下水道看不見。你要等一場大雨才看出眞面目來。

那麼，如果香蕉共和國也添了下水道呢？你如何分辨先進與不先進？最好的辦法是去辦件事情。你來自天方夜譚，算是外國人入境居留，所以到戶政機關、警察局、外交部幾個衙門去跑一趟。如果你發覺櫃臺前排隊的人很少，櫃臺後辦事的人很和氣，辦事的手續很簡單，兩個小時就辦好了所有的證件，這，大概是個先進國。倒過來，如果人多得你連站的地方都沒有，每個窗口都擠著一團冒熱氣的人肉，每個人都努力把手肘往外頂著，像一隻蚱蜢，保護自己眼前一點點地盤；如果好不容易你喘著氣到達了窗口，裡面的人翻翻白眼說：「天方夜譚來的到一號窗口去！」而你剛剛才從一號窗口過來；如果在塡了兩個小時表格、黏了二十張兩吋半身脫帽照片、跑了三個衙門之後，你發覺你所領的證件有效期只有兩個月，六十天之後又要從頭來起……對，這八成是個不怎麼先進的「開發中」國家。

如果你懼怕辦手續的煉獄，比較輕鬆的，你可以搭一趟公共汽車，最好是那種來往於城市與鄉間的客運。車次頻繁，人人有座位，當然是一個跡象，但是仔細端詳車中的人……如果乘客大多衣裝整齊，彼此見面時或點頭、或握手、或微笑，交談時輕聲細語，讓座給老弱婦孺……。不管是大學教授或是農夫、雜貨店的小廝或是美容店洗髮的小姐，個個都那樣彬彬有禮，看不出階級的差別來，這，大概也是個先進國。

我每天早晨搭車到蘇黎世的市中心，每天早晨在車裡面對的就是這樣一群看不出階級的、彬彬有禮的人——我發覺自己對他們有說不出的厭倦，厭倦他們有教養的微笑、有教養的低聲說話、有教養的說「對不起」、「謝謝」、「再見」。我渴望見到一個不知「教養」爲何物的草地郎，赤著粗大的腳，拎著一個花布包袱，腋下挾著一隻咯咯掙扎的肥母鷄；看到街上的熟人忙不迭的伸出半個身子快活的大聲叫喚，笑的時候，露出閃亮亮的金牙；打了哈欠之後，一歪頭就呼呼大睡，發出很沒有教養的鼾聲。

如果在一車彬彬有禮的人群中你發覺幾十個這樣的草地郎，那個國度大概就不是所謂的先進國了。他所暗示的是城鄉的距離——經濟上、教育上、生活水準上的種種差異。我對草地郎的眷戀，是一種羅曼蒂克的念舊情懷，與現實有很大的矛盾。要保有這樣的鄉土人物，意味著保有他的生活方式與思想觀念，意味著保有泥濘的道路、積水的市區、擁擠的衙門、浪費生命的繁文褥節。而落後，眞正生活在其中，就一點也不羅曼蒂克。人所要追求的，應該是一個高度開發卻又不失人的原始氣息的社會吧？是不是只有天方夜譚裡才有呢？

燒死一隻大螃蟹

來到霧氣浮動的湖邊，對岸的白樺樹林濃霧覆蓋，整個都不見了。隱隱約約中似乎有一個白點破霧而來，無聲的，漸行漸近，向湖濱飄來。

從濃霧裡冒出來的，原來是一隻天鵝，一身雪白豐潤的羽毛，上了岸來，用黑色的眼珠瞄了我們一眼；修長優美的脖子往後一伸，將粉紅色的嘴巴塞進翅膀羽毛裡，像蓋了被子一樣；這隻天鵝，兩隻蹼插進沙裡，就在湖邊打起盹來。

十個月大的兒子滿臉驚詫，圓圓的眼睛一眨都不眨的瞪著這個比自己還高大的會動的東西；好像呼吸都停止了，然後用肥肥的手指著在打瞌睡的天鵝，回頭對我說：「媽媽，雞！」

我點點頭，說：「對，雞！」小小的腦袋，認得出眼前這個東西有一對翅膀、兩隻腳、一身毛，而把牠歸類爲「雞」，實在已經是不得了的大智慧，我不需要急著糾正他；反正天鵝也只是一種鵝，鵝，也不過是比較優雅的雞吧?!我不急，因爲這個湖會一直在那，每天清晨在霧中醒來，這隻天鵝，也會一直在那，涉水而來，在沙上小睡。我可以每天牽著孩子的手來看天鵝。

臺北的老師帶著孩子們到新動物園去「課外教學」。記者報導說，孩子們恣意玩弄小動物，追逐孔雀、丟石頭等等，缺少愛生觀念，呼籲學校加強教育。我不禁嘆息：在一個不愛生的社會裡，你要學校怎麼教導孩子愛生呢？

最早的記憶，是鄰家毛毛的母狗生了一窩小狗，就生在畚箕裡頭。我們幾個小蘿蔔頭興奮的擠去觀看，皺皺軟軟的乳狗還閉著眼睛，努力的在吸母狗的奶頭；那一向凶悍的母狗居然溫柔得像蜜糖似的，伸著舌頭舐懷裡的小把戲。我們每幾個小時就摸進去偷看一下。

第二天再去的時候，毛毛的父親正在詛咒：母狗討厭，老是生狗仔。他用手把乳狗狠狠的從母狗奶頭上扯下來，一手一隻，像丟石頭一樣，往高高的牆外扔出去。扔了一隻又一隻。我們跑到牆外去找，石頭堆上幾條摔爛了的小狗，血肉模糊。

有一天，家裡開雜貨店的女孩興高采烈的在教室裡講故事：「有一隻貓，好肥哦，常到我家來偷吃魚，我們每次拿掃把打牠，都被牠逃跑。昨天晚上，我阿爸把牠抓到了，四隻腳用麻繩綁起來，然後塞進飼料袋裡面……」女孩兒眼睛發亮，尤其得意她得到了我們所有的注意：「然後我阿母和我和我弟妹四個人，一人抓著痲袋的一角，把貓按在地上，那貓咪嗚咪嗚叫個不停——然後我阿爸用力坐下去，坐在貓身上——就像這樣——」

她從桌上跳下來表演，翹著屁股，重重的摔坐在椅子上，把全班的小孩都逗笑了。

「那隻貓，沒坐幾下，就沒聲音了……」

長大一點，去參觀同學家的養豬場。同學的父親，一臉慈眉善目，很熱情的爲我們作課外教學：這是肉豬，這是公豬，這是母豬。到了母豬寮，一籠一籠的初生小豬正嘰呱嘰呱的吸奶，龐大的母豬心滿意足的橫躺著。主人指著一籠豬，說：「這十四個小豬昨天半夜才出生——啊，這個有病！」

他撿起一個瘸腳的仔豬，皺著眉端詳了一刻，然後高高舉起來，用盡全身力氣把那隻小豬往水泥地上摔去；我匆匆跑出去，不敢再往地上看。不是因爲我怕看死豬，而是因爲那隻小豬並沒有被摔死，只是拖著流出來的肚腸在地上抽搐、蠕動，慢慢的在血水中爬。

高中的時候，有位國文老師，正講課間，搖搖晃晃踱進來一隻老黃狗，氣定神閒的就在窗邊趴了下來。同學們摀著嘴笑。捧著《論語》的老師一面唸著「惻隱之心人皆有之……」，一面走向黃狗，到了牠身邊，對準狗的肚子，狠狠的一腳踢過去，狗哀叫一聲，跳起來，衝出教室。

三年前回國，歡天喜地的趕到夜市，想享受一下人擠人的熱鬧。活的蛇，鉤在架子上，小販拿著一把閃閃發光的刀，插入蛇的喉嚨，絲的一聲劃下，沿著蛇的身體，把肉與皮剝開。剝了皮的蛇，還是活的，鉤在架子上悸動。

蛇販的旁邊，是賣烤蝦的。擔子上幾個大字：「生猛活蝦，活烤活吃。」炭火燒得紅通通的，連鐵絲架子都燙得發紅。小販撈起幾隻正在游泳的草蝦，放在火上，撲滋撲滋，好像觸了電一樣，蝦在火網上顫動，不一會兒，透明帶點青綠的蝦也變得和火一樣紅了。

籠子裡關著一隻小猴子，滿眼驚懼的看著圍觀的人群，細細的手緊抓著鐵欄杆。一個小孩仰頭對他的母親說：「媽媽，他跟人長得好像哦！」話沒說完，一個嘴上叼著煙的少年郎抽出嘴裡的煙，用燒紅的一頭伸進籠裡去燒猴子的屁股，小猴子痛得吱吱叫，驚慌的想躲，可是籠子太小，他只能在原地打轉，一手搗著被燒痛的地方，很像個跌了一跤的小男孩。

旁觀的人轟出一陣笑聲。

在淡水的海邊游泳。幾個年輕的男女在沙灘上嬉戲，大概是專科的學生吧！女孩子嬌嬌的笑著說：「你好殘忍喲！你要下地獄呢！」

我突然發覺了他們在做什麼：男孩子抓到一隻螃蟹，丟在一個紙杯子裡，然後點燃打火機，把杯子燒起來，四個男女圍坐在沙灘上，快樂的看著一隻螃蟹在火裡掙扎，慢慢的死亡。

我的心很痛，走過去對他們說：「這隻螃蟹是屬於這個海灘，屬於大家的，你們怎麼可以破壞？」

年輕人訕訕的，覺得沒趣。正在找另一隻螃蟹的女孩假裝在玩水。我匆匆收拾了東西，匆匆的離開了海灘。不，我沒有說出百分之一我想對他們說的話。我想說：螃蟹也是這個地球村的原住民，如果牠不曾妨礙你的生存，你就沒有資格剝奪牠的生存權利。我想說：「弱肉強食」或許是生物界的常態，人吃牛羊豬狗草蝦螃蟹；但是「大地反撲」也是自然界的常態，強食者的濫殺濫捕最後要造成自己的枯竭。我想說：你只是地球村的過客，住了你的一生就要離開，換下一代來生活，你沒有權利燒死一隻螃蟹。如果人人到了海灘都去燒死一隻螃蟹，那麼我的孩子，當他到海邊嬉戲的時候，就沒有螃蟹可看；在清淺的水中發現一隻橫行的螃蟹，是在地球村中成長的快樂。你，沒有權利剝奪我的孩子的快樂。

可是這些話，我都沒有說；我覺得無力。這些年輕人是怎麼成長的呢？難道不是和我一樣，從稚嫩的年齡開始，看著小狗被拋出牆外，看著小豬被摔得肚破腸流，聽著殺貓的故事，聞著煙蒂燒燃猴毛的焦味？他們不是那樣長大的嗎？不管課本裡怎麼寫，如果整個社會給他們看的是人對生物的肆虐，沾沾自喜、毫無罪惡感的肆虐，誰能要求他們了解「愛生」呢？「愛生」的觀念從哪裡開始呢？

淡水的街上有一條年幼的小狗；知道牠年幼，因爲幼狗的眼神裡有一種特別的稚氣。這隻小狗只有兩條腿，兩條前腿。後腿，被摩托車壓斷了。每天早上，市場附近人群熙來攘往，買菜的人挑精揀肥。在人腿與人腿間，這隻小狗尋尋覓覓找東西吃，找水喝。牠用兩隻前腿撐著整個身體，半爬半跳，一瘸一瘸的拖過淡水的街道。

在蘇黎世家附近的公園裡發現了一隻受傷的鳥；翅膀折斷了，躺在草地上，圓圓的黑眼望著天空。孩子蹲下去，摸摸鳥毛，研究了好一會兒，回過頭說：「媽媽，雞！」

我把小麻雀拾起來，輕輕放在孩子肥肥的手掌中，讓他感覺鳥體的溫熱，對他說：「我們帶牠到池塘那邊去。」池塘那邊有個小小的房子，房子的一角有兩扇小小的窗，一扇寫著：「請將死鳥置此，我們會處理」，另一扇寫著：「請將受傷的鳥放在籃子裡，我們會爲牠療傷。」

籃子裡有些脫落的羽毛。我讓孩子把鳥放進籃子；他放得很慢，很小心，眼睛裡透著無限的驚奇歡喜。

斜坡

巴黎的地下鐵道舉世聞名；我推著嬰兒車來到一個入口，卻呆住了。狹窄的入口只許一個瘦瘦的人擠過去，何況中間橫著三條棍子，怎麼折騰也不可能將嬰兒車推過去。巴黎沒有作母親的嗎？

好不容易來了別的過客，一前一後把嬰兒車抬了過去。坐了一段車之後，走到出口，出口竟然是由一槓一槓鋼鐵棒組成的旋轉門，這一回，即使把嬰兒車抬起來也出不去了。

我常常在想究竟「先進」是什麼意思。錢嗎？產油國家錢多得很，駱駝旁邊就是賓士車，但沒有人認為他們「先進」。人才嗎？印度有太多的受過高等專業教育的人才，但是他們的社會無法吸收。尖端科技嗎？連巴基斯坦都有造原子彈的能力。民主政治嗎？也不見得，印度是相當民主的……那麼，是錢、人才、科技、民主等等條件的總合嗎？這樣說又太模糊籠統，說了等於沒說。

一手抱著扭來扭去的孩子，一手拉拉扯扯把提袋、大衣、雨傘全部從嬰兒車卸下來，一件一件往身上掛，再手忙腳亂的把車子摺疊起來，全副裝備的擠進柵欄，還要擔心孩子的手腳不被夾在旋轉柱中。

上到路面來，在飄落的雪片中再把車子撐起，又是哀求又是恐嚇的把孩子放進車裡，準備過街；我發覺鋪高的人行道與車道交接之處沒有作成斜坡，造成將近一尺高的落差。扶著嬰兒車站在這個「懸崖」之前，如果繼續往前推，很可能把孩子像畚箕倒垃圾一樣「倒」到雪地裡去——。

離開高貴卻很「凶險」的巴黎，回到靜謐的蘇黎世，我想我為「先進」找到了一個必要的條件，正巧是中國人說的，「富而有禮」。這「禮」，不僅只是鞠躬握手寒暄的表面，而是一種「民胞物與」觀念的付諸於具體。

從火車站的地下層上到路面，有電梯可乘，專門供嬰兒車與殘障者的輪椅使用。所有的人行道與車道的交接之處都鋪成斜坡，接著黃色的斑馬線道，嬰兒車順利的滑過，失明的人也不需要害怕一失足成千古恨。

機場和車站的盥洗室裡有特別為殘障人設計的廁所與洗手台，有讓母親為嬰兒換尿布的平台。（在戴高樂機場的盥洗室中，作母親的我只有兩個選擇，一是把孩子光光的放在冰涼的地上，要不就只有把他放在馬桶蓋上——我這一輩子都不會原諒巴黎人！）

在蘇黎世的住宅區，你也不可能走上兩條街還看不見一個兒童的小天地：就在房子與房子之間，一小塊青草地上，一個鞦韆、一個翹翹板、一堆沙。許多垃圾箱上塗著兒童畫：豬、狗、猴子、孔雀，守著盪鞦韆、玩沙嘶鬧的小孩。

大型的百貨店往往有個幼兒樂園，免費的，讓來採購的父母放心去採購，孩子也玩得痛快。樂園中並不是隨便擺一些無意義的電動玩具讓孩子過一過癮；它依年齡而隔間：大一點的，有電視童話節目可看，不看電視的可以看童書畫報。小一點的玩益智的組合積木，用蠟筆畫畫；還不會走路的小把戲，就在地毯上玩會叫的小狗熊。

兒童與殘障者都是弱者，沒有辦法主宰一個社會的走向；他們不得不仰靠主宰社會的人——到目前爲止，多半仍是身心健全的大男人們——來爲他們設想。沒有財富的社會即使有心爲弱者設想，能做到的大概沒有幾件，更何況若是飢寒交迫，連設想的「有心」都不太可能。有過「易子而食」經驗的中國人說得一針見血：「衣食足而後知榮辱」。

有財富的社會，如果在心靈的層次上還沒有提高到對人的關愛，還沒有擴及到對弱者的包容，它也是一個落後的社會。它的國民所得被用在擴充軍備、製造原子彈等等毀滅人的途徑，而且往往有極堂皇的藉口；不會用在社會中「弱者」的身上：建電梯、築人行道斜坡、設兒童樂園。

當我的嬰兒車不必停在人行道「懸崖」上，而能安全順遂的滑過街心時，我感覺到自己是在一個「富而有禮」的社會中。它有錢爲每一條人行道建斜坡，但是更重要的，設計道路的人在燈下製圖時，會想到他的社會中有年輕的母親推著稚嫩的幼兒、有失明的人拄著問路的手杖、有彎腰駝背的老者蹣跚而行……爲了這些人，他做出一個小小的斜坡來。這個斜坡，是一份同情，一份禮讓，一份包容。

只是一個小小的斜坡罷了！但是，臺灣距離眞正的「富而有禮」還有多遠呢？

天眞的方勵之

英國皇家作曲家威廉生在一次訪談中，公開指責首相柴契爾夫人，是個完全不懂文化的人。她——愚蠢、笨拙、半吊子——是二次大戰後對英國文藝成長斲傷最嚴重的人，她的丈夫則比她更蠢。

話傳到柴契爾夫人，她說：「我絶對擁護他説出心裡話的權利。」

「中國社會科學院」政治研究所的所長嚴家其是近年來大陸學術界的幾顆「明星」之一。他有一句名言：科學是一個「三無」世界，無禁區、無偶像、無頂峰。

初看到這句話，我的心一驚：有這樣想法的人在那個制度裡怎麼活得下去？科學是「三無」世界，文學難道不是？政治學何嘗不是？有哪一門眞正的學問能容忍不可討論的禁區、不可打倒的偶像、不敢超越的頂峰？嚴家其如果眞正信奉這個「三無」世界，他無可避免的就應該對整個中國目前的政治體系作根本的批判。

可是他不能說。了解中國傳統與社會情況的中國知識分子也不忍苛求。任何爲言論自由努力過的人都知道爭取自由的過程猶如在地雷場上種花，一方面想把種子深深埋下，播得越多越好，一方面隨時可以碰著地雷從此消滅。有心的知識分子就在播種與躲避之間保持危險的平衡；寫一句眞話，加九句謊話來掩護，偷偷又希冀讀者能會心挑出那一句眞話來。這種痛苦的遊戲，身爲中國人，我們淸楚得很。臺灣的言論自由有今天這樣的「小康」局面（跟過去比），難道得來容易嗎？有多少人被地雷炸傷炸死了呢？

沒有地雷經驗的人，卻不能理解在地雷場上播種的艱苦。在歐洲發行的《先鋒論壇報》刊登了一位美國記者對方勵之的評語（一月二十六日）。方勵之在去年十一月對上海交通大學的演講中有一句話：「人生下來即具有生存、結婚、思考、受教育等等的權利。」（見一月二十二日〈人間副刊〉所譯〈誰也威脅不了誰〉）美國記者說，「這句話天眞得令人感動，就好像一個與世隔絕的原始土著突然發現了車輪的萬能。」他當然有權利說方勵之的話「天眞」，因爲他的祖先早在兩百年前就已經嘶喊這句話，而且爲了實踐這句話流了血也流了汗。他的草莽祖先流血流汗的結果，是使他的國家兩百年來，不管有多大的紛爭動亂，至少「人生來有權利」這句話沒有人敢推翻。人的權利是他的國家的立國傳統，不管他們做到的程度如何。

這位美國記者對方勵之的嘲笑是可以理解的。但是他不了解中國，不了解中國的立國根本不是「人生來有權利」。

西漢王朝的農業部長顏異與朋友私下閒談。有人說皇帝劉徹的法令擾民，顏異不曾答話，只微微「反唇」。反唇就是「腹誹」的證據，顏異的頭就被砍了。

東漢王朝皇帝劉祜在位時年紀太小，大權落在鄧氏太后手中，杜柏堅寫了文章抗議，主張大權回歸皇帝。鄧太后將杜柏堅塞在麻布袋裡撲殺，屍體丟棄荒野。三天後，不放心的太后再派人察看，看見杜的眼睛已生滿白蛆，才算擺平。

十七世紀的莊廷瓏寫《明史》，清政府不滿意他的文字，但是莊廷瓏人早就死了，怎麼辦呢？政府下令剖棺剉屍；爲作者寫序的、出版的、印刷的，全部處死。

十八世紀的詩人徐述夔遺留下「清風不識字，何故亂翻書」的句子，政府認爲他侮辱元首，於是又打開棺木來剉屍；家族及相關人處斬。

幾千年的中國歷史，有好的時代，有壞的時代，但是不管好的時代或壞的時代，渺小的個人從來就沒有什麼「生來就有的權利」，那是神話、笑話。人所僅有的一些權利，也是上面的天子所恩准的、施捨的。沿襲這樣根深柢固的千年傳統，又面對今日共產中國的極權統治，方勵之說出「人生下來即具有權利」、「上級恩准的民主不是眞正的民主，只是控制的放鬆」這樣的話，需要有踩地雷播種的勇氣。把方勵之稱作「中國的沙卡洛夫」，我覺得是熱中者的過度，評價一個人不能只看一件事件，必須是長期持續的觀察。然而說方勵之「天眞」，卻只顯得說話的人自己天眞，不知人世艱辛。

有才氣的阿Q

幾年前在紐約，曾經聽一位西德《世界日報》駐紐約的記者說：

「美國人對這個世界的無知簡直令人作嘔。昨天從機場回來的路上，開計程車的美國青年問我波昂在哪裡，我回說在萊茵河畔。這傢伙說他從來沒聽過『萊茵河』這條河流！而且他不是在開玩笑。」

「我告訴你，」這位記者狠狠的噴口煙：「歐洲人裡難得有這麼坐井觀天的蠢貨。」

我贊同他的說法。在許多美國人的心目中，其實美國就是「中」國，世界中心之國，了解美國，就等於了解了世界。會說英語，就等於會說全人類的語言。連萊茵河都不知道，似乎有點無知得離譜，但絕非不可能。歐洲人比較沒有美國人那種「唯大國獨尊」的自大，關心的圈圈稍微大一點。曾經在西德碰到一個退休的老園丁，他一面澆花，一面就把他所知道的遙遠的臺灣告訴我：一九一一年推翻滿淸，一九四九年蔣介石退往臺灣，共產黨坐大……，但碰到這個園丁已是十年前的事了。

來到瑞士之後，卻突然接二連三的碰到「離譜」的事。一般的販夫走卒，聽說我來自「臺灣」，會若有所悟的點點頭說：「啊，泰國，我知道。我的鄰居去年去那兒度假，明年我們也想去……」

「不是，不是泰國，是臺灣。」

「哦——」對方會思索一下，想不出什麼東西來——顯然既沒有鄰居去觀光過，也沒在電視節目中見過——印象中一片空白，只好沉默下來。

這並不算離譜。臺灣實在太遙遠了，如果不屬於觀光重鎮，一般人當然不知道臺灣。但是，我遇見了這麼一位小學老師——在巴黎生長，回瑞士求學工作的教育人員。她問我：

「臺灣？在日本是吧?!」

我不可置信的望著她，不曉得是不是自己聽錯了。

昨天與一位瑞士記者通電話。他是蘇黎世《每日新聞》派駐伯恩的記者。

「臺灣？」他思索著問：「是不是美國的一部分？」

「嗄？」我一時不能作答，心想，難道他對臺灣的政治與文化如此熟悉，熟悉到能夠口發諷刺的地步？

「我是說，」他繼續解釋，「臺灣是不是一個獨立自主的國家？還是和香港屬於英語一樣的屬於美國？」

我簡單的解釋了一下，他「哦」了一聲說：「那麼臺灣並不是一個講英語的國家了？他們講什麼呢？」

我又開始懷疑是不是整個電話都是我聽錯了?!《每日新聞》是蘇黎世最重要的報紙之一；伯恩，是瑞士的首都。而這位重要的報紙派駐重要的首都的新聞人員，所謂群眾的耳目，對遠東、對臺灣的了解，貧乏到這個程度？有這樣無知的記者，這個報紙能好到哪裡去呢？

別人無知，畢竟還是別人的事：值得我們思索的是，爲什麼外人對臺灣如此陌生，陌生得似乎臺灣根本不存在似的？距離的遙遠與國家的大小都不是理由，歐洲人對泰國、日本、菲律賓、韓國，甚至小的不能再小的新加坡、香港，都很熟悉，唯獨臺灣，好像地圖上忘了畫進去，一塊空白。

在立法院中不斷的要求「彈性外交」與開放政策的一些委員想必很清楚這個情況；政治的孤立使臺灣在世界地圖上的顏色越來越淡，再繼續淡化下去，可能在韓國與菲律賓之間眞的就只剩下一點空白，被所有的人遺忘。爲政府作口舌的人不斷強調，我們有「實質」外交來表示自我安慰。這個詞不知是哪個天才創的。我們現在這種若有若無、偷偷摸摸、我買你一斤米你買我一包糖的外交叫做「實質」外交，那麼有正式契約、光明正大，講責任講權益的正式外交就不是「實質」外交了？世界上有阿Q，還有有才氣的阿Q。

臺灣來的

在駐蘇黎世的法國領事館辦理簽證。自尊心特別強的法國人對語言的執著也眞徹底，連申請表格都只用一種語言：法文。

將一張表格、一張照片遞進窗口，窗那邊的小姐端詳了一會兒我的護照，客氣的說：「對不起，臺灣的護照，我們不能發簽證。您必須到香港去辦，而且要等上一兩個月。」

「可是在電話上你們說只要一張照片，等一天就可以；你是不是搞錯了？」

小姐搖搖頭。

拿著中華民國的護照在外面四處碰壁、遭人冷眼，我實在已經受夠了。四年前在駐波昂的南斯拉夫領事館詢問去看看南國的可能性。翹鬍子的斯拉夫佬瞄一眼我的護照，猛搖頭：「不行不行！以色列、南非、臺灣的，都不給予簽證。」

「爲什麼？」我實在覺得惱火。

他瞪著我說：「我們沒有對你解釋的義務，更何況，」他頓了一下，指著護照的內頁，露出一臉譏笑：「你自己的護照上明明寫著不能進入共產國家——何不問問你自己的政府？」

不錯，限制我行動自由的，首先是我自己的政府；可是，中華民國的憲法不是號稱人民有遷徙旅行的自由嗎？這個自由到哪裡去了？憲法到底算不算數呢？

斯拉夫佬把臺灣和以色列、南非當作「一丘之貉」的混爲一談，令我氣得想撕他的鬍子，嘿，以色列受國際的摒棄，因爲它東征西討，到現在還霸占著別人的土地。南非受到歧視，因爲它的種族隔離政策有虧人道。臺灣做了什麼傷天害理的事要受這樣棄兒的待遇？

出了義大利，搭上往希臘的船。在地中海上，希臘警衛開始檢閱證件：一個一個很快的通過，輪到中華民國的我，當然，問題又來了。這一回，我沒有希臘簽證。

「你們駐紐約領事館一再對我說不需要簽證——」我解釋著。

「不可能呀，臺灣的護照怎麼能不要簽證。對不起，你必須回到義大利去……」

「能不能落地簽證呢？」

不能，不能，「臺灣的護照」不能！但是，我也不能回到義大利去，重新入境又要重新申請簽證，義大利也不會讓我進去。

「好吧！」我對希臘警衛一笑，心裡覺得幽默：「你不讓我進入希臘，我又不能回義大利，那我就在這地中海的渡輪上定居吧！」

問題後來當然還是解決了，希臘方面讓了步，可是在眾目睽睽之下我已經飽嘗了作三等國民的滋味。旁觀的各國旅客如果從前對臺灣毫無概念，現在也有了第一印象：臺灣是個不太受歡迎、不太受尊重的國家。

法國領事館的小姐找出了一個大本子，用手指在找規章，抬頭問我：「國籍是『中國』，是不是就是中華人民共和國？」

「不是不是，是臺灣。」

她這才找到了。結論一樣：不能發給簽證，除非我有瑞士的居住證明。憑著瑞士的居住證明，我總算去成了巴黎。

十年來都是這樣受氣受辱的旅行，我持著西德護照的伴侶卻像個優等種族，大部分的國家都對他敞著大門，歡迎他進進出出。持臺灣護照的我就像個挨門求乞的浪子，看盡門後的冷臉。十年前，我以為這是世態炎涼，小國就要受人欺負嘛，也莫可奈何，報上不也常說，那些對我們「不友善」的國家都是欺善怕惡的，受到中共的「恐嚇」才不得不對臺灣冷眼相看。由此可知中共多麼可惡可恨，由此可見這些國家又多麼缺乏正義感！我們是受欺凌的國家，但我們站在道義良心的這一邊！所以受氣受辱也是國民爲國家犧牲的表現。

壯烈吧?!可惜這是阿Q的壯烈。我逐漸的發覺，奇怪，怎麼許多比臺灣還小、還不重要的國家的人民，持著一本誰都沒見過的護照，卻可以滿有尊嚴的旅行?更何況，誰說臺灣是個「小」國家?論人口，瑞士只有臺灣的三分之一;論土地，臺灣和荷蘭、瑞士差不多大;論財富，我們比中西歐固然差得滿遠，但是比世界上絕大多數的國家要富有得多。臺灣其實是個相當「大」的國家。

可是爲什麼我的護照是個令人忽視、不受歡迎的記號?

政治孤立當然是問題的癥結。臺灣與以色列、南非成爲「一丘之貉」，並不因爲臺灣占領了別人的領土或實行種族壓迫，而是因爲臺灣與大多數的國家都沒有邦交。貿易上雖然是地球村中活躍的一員，政治上我們卻根本住在地球村的外面。孤立的結果。不只我這樣的小國民到處要吃閉門羹，我們駐外的記者、外交代表、訪問人員、國際會議的參與者，都覺得受到不公平的忽視，有時候，更是明顯的輕視。

「歐洲國家對我們非常不友善！」我聽見政府駐歐的人員這樣嘆息，言下之意錯在他人。我卻相信人必自辱而後人辱之。

當初選擇政治孤立這條路時，我們心裡就應該明白在地球村中受忽略、受輕視將是必然的痛苦結果。到今天反而來指責別人對我們「不友善」、「缺乏正義感」等等，是顛倒黑白，是自欺自憐。

政治的孤立與國本國策有關，一時大概也不可能改變。我所擔心的是把責任推在別人身上的這種自欺自憐會混淆了真相。「都是別人不好」的想法，緊接著就是「所以我們也沒有辦法」，而沒有辦法的辦法就是退縮、迴避，還帶著一點被犧牲的壯烈感。對於地球村中的各種活動，銀行組織也好，學術會議、體育競賽也好，臺灣越退縮，就越被孤立，越孤立，就越退縮，這是惡性循環。倒楣的是處處受「不友善」待遇的駐外代表，倒楣的是像我這類處處看人冷眼的小國民；而誰說國家的孤立對島上一千八百萬居民沒有壞的影響呢？

護照有一個象徵的意義，它代表一個人認同的對象。如果這個國民在十年的受氣受辱之中，可以放棄卻不曾放棄這個認同的對象，那麼政府是不是也應有所回饋，不讓它的國民繼續受辱受氣？

政治上這個結如何打開暫且不管，但是我想我們有義務結束這種鴕鳥心態，盡一切的努力重新成爲地球村的一分子。

打開二二八的「黑盒子」

「你是外省人？」白頭髮的陳教授問我，我不經心的點點頭，卻也感覺到他表情的複雜。離開臺灣之後，三十幾年不曾回去探過親。對於我這麼一個「什麼都不知道」的新留學生，他一方面想特別的關照，因爲我也是中國人，一方面，又有著排解不開的憎恨——我是個外省人。而做了一世異鄉人的他，忘不了二二八事件的回憶。

他的傷痛與仇恨，很深。我對二二八的無知，也很徹底。

一九三九年，一萬五千個波蘭人在俄國兵士的槍口下，被推進一節一節發臭的火車，開往荒野中的勞工營。憂心盼望的妻子兒女在半年之中還收到幾封來信。到了第二年的五月，突然音訊杳然。兩年之後，德國人在卡定河邊的森林裡挖出四千三百二十一具屍體，這些波蘭人的屍體。

俄國政府說這些人是德國人殺的，但提不出任何證據。波蘭的老百姓卻斬釘截鐵的認爲，毫無疑問，是俄國人幹的。但是波蘭，身爲蘇聯的附屬國，是不敢說話的。他們的政府不允許歷史學者去研究這段大屠殺的公案，也沒有人敢問：那沒有屍體的一萬個人又遭到了什麼結局？

歷史，不分中外，都是政權的工具。六〇年代的赫魯雪夫曾經對當時的波蘭領袖葛穆卡建議：設立一個特別調查團，由俄國與波蘭的歷史學者組成，共同去發掘卡定河的冤案。葛穆卡卻推諉了。爲什麼？葛穆卡本身的政治力量依靠當時波蘭人的愛國情緒，對俄國人越恨，愛國情緒就煽得越熱，對他的政權就越有利。解開了卡定河的歷史公案，很可能也就淡化了波人的恨俄情緒，對他個人的政治策略有損。

掩藏歷史眞相是爲了鞏固政權，然而打開歷史眞相卻也有它的政治企圖。以革新、開放作號召的戈巴契夫，現在希望重新調查波俄兩國之間從前所忌諱的歷史案件。蘇聯政府體認到，波蘭百姓對俄國的憎惡與那些不明不白的冤案很有關係。冤案未結，仇恨永遠埋在心裡。不如開誠布公的發掘眞相，然後才有可能「讓過去的過去」。戈巴契夫要讓歷史出頭，當然是想化解政治上潛伏的危機。

與企圖掩飾歷史的執政者不同的是，戈巴契夫的政治策略站在公理的一邊——一萬五千個人的命運悲劇，要有個交代，死者的親人仍舊在痛苦的回憶中惘然的等待，倖活的波蘭人對自己不幸的同胞也有告慰亡魂的責任。歷史的「黑盒子」打開之後，波蘭人的仇俄情緒可能合理的化解，如戈巴契夫所希望，卻也可能更加深血債血還的憤慨，如許多波蘭人猜測。但是即使公開眞相之後戈巴契夫無法達到淡化仇恨的目的，他仍舊會有兩重收穫：第一重，大屠殺的眞相大白之後，波蘭人即使無法原諒，卻因爲罪案的水落石出，他的仇恨會有固定的對象，有一定的程度。在歷史得不到昭白，公理得不到伸張時，他的仇恨必然是隱藏的、臆測的，因此往往是誇大而且擴張的。第二重收穫，戈巴契夫會受到將來歷史的肯定，因爲他肯定歷史。

臺灣的二二八事件，現在總算有人敢公開談了。兪國華說，政府其實從來不曾禁止過對二二八歷史的研究。言外之意，四十年來人們不敢談這個事件只是個誤會！就好像臺灣其實根本沒有「報禁」這回事，也是誤會而已。好吧，讓我們相信兪院長的話，就開始深入研究二二八吧！事實上，爲了對歷史表示絕對的尊重，對冤枉犧牲的同胞表示遺憾，對犧牲者的親人後代表示負責，政府何不組織一個特別委員會，由各界所尊重信服的歷史學家組成，客觀而深入的去研究二二八事件，再公諸社會？

一個敢面對歷史、肯定歷史的執政者，才可能被歷史肯定。

臺灣素描

回到一年不見的臺灣，解嚴後的臺灣。

之一

中正機場的海關人員翻著我行李箱中的書：從維熙的《斷橋》、諶容的小說集、馮驥才的《三寸金蓮》……。他面無表情的說：「這些書不能帶進去！」

「爲什麼？不是解嚴了嗎？」

他猶豫了一下，出了個點子：「那你把封裡、封底撕掉好了。」

好吧，撕掉一、兩頁還可以忍受，檢查人員卻在我另一個箱子裡摸到更多的書。他搖搖頭，把新聞局的人員找了來。

也是年輕人。把莫言的小說翻來翻去，想在書裡找出幾句宣揚共產主義的句子，以便冠冕堂皇的沒收，找不到，就顯得有點不知所措。我乾脆把書都攤開來。

「這是畫册，山水畫，準備送給國內畫家觀摩的。山水就是山水。這是小說，因爲我準備寫小說批評。這是一本《九十年代》，因爲裡頭有我自己的文章……」

年輕人很猶豫：「法令規定不准帶入，我們是依法行事——」

「可是你要知道那個法令是錯的。它不應該剝奪人民求知的權利。更何況，已經解嚴，張賢亮與阿城、沈從文的作品都在臺北出版了，你還不許我帶大陸作品進去？」

年輕人陷在法與理之間的泥沼中，最後沒收了一本《九十年代》，「意思意思」。

之二

坐進冷氣颼颼的計程車裡。西門町青少年族類的音樂敲著猛烈的節拍。幼稚的歌喉喊出來的彷彿是什麼「年輕就是不要留白」之類的歌詞，努力的重複又重複。

一首歌完了，播報員輕笑一聲，用圓熟的國語說：「剛剛這首歌充滿了青春的氣息，對，年輕就是不要留白。青年朋友們，好好把握您美麗的青春吧。剛剛在南京東路與敦化北路口的示威遊行隊伍已經解散。下面請繼續聽現在最流行的『吻你的頭髮』」。

薄薄的女音嗲嗲的唱起來。

「什麼遊行，你知道嗎？」我問司機。

司機搖搖頭，「不知道，沒興趣。」

「爲什麼沒興趣？這一年政局的突變你覺得怎麼樣？」

司機猛地一個急轉彎，搶在一輛大公車前。漫不經心的說：「變不變，都一樣。國民黨是這樣，民進黨作主以後也會同款。我只是國中畢業，沒有什麼知識。他們在吵什麼、爭什麼，我實在不知道。像我們這種人，只求平安，一家大小有飯吃、有房子住，小孩能上學就好。誰作官其實都不要緊……」

之三

金華國中的禮堂。沒有冷氣。一千多人坐在位子上搧手裡的扇子。有些人索性坐在窗枱上，一邊擦汗，一邊抖動濕透的白襯衫。

外省老兵有一個典型：白色的短袖襯衫，深色的西褲。襯衫是半透明的化學質料，看得見裡頭貼身穿的汗衫背心；西褲，也是什麼廉價「龍」的，穿久了，有一點縐。臉上，刻著風霜歲月的皺紋，但絕不是一張莊稼人的臉。莊稼人的臉像黃牛犂過的黑土，雖有日曬風吹的粗糙艱苦，卻總透著一種單純、實在的力感。老兵的臉，膚色不那麼深，皺紋不那麼粗，但是透著一股鬱悶，與眉宇間無依、認命的苦感，像和麵一樣，揉出一張臉來。

臺上的演講人正在用刻意壓扁成金屬似的聲音慷慨激昂的說：

「你看看中正紀念堂有多麼壯觀！老總統偉大，可是他再偉大也沒有你們老兵流血流汗來得偉大——」

臺下一陣熱哄哄的掌聲。老兵不斷的拿手帕擦臉上的汗，有時候也分不清是在擦汗還是在拭淚。

「國大代表做了什麼事？」政治人物繼續喊著，「他們躺在床上打葡萄糖針，一個月薪水八萬，你們爲國民黨作牛作馬，犧牲奉獻，國民黨給了你什麼？授田證究竟值幾毛錢？」

身邊的老兵側頭看看我，伸出大拇指說：「這個人講得好！講得好！」

實在熱得透不過氣來，我鑽出人群，站到走廊上。

「這麼年輕的小姐怎麼會來這裡？」一個搧著扇子的老兵開口說話，一口四川音。

「我有興趣呀！」我笑著說。

「小姐你別笑！」老兵似乎覺得我的笑太輕薄了，正色的說，「你們太年輕了，不知道。我們是少年兵，在軍隊裡吃盡了苦。退伍的時候，給我兩百塊錢要我『自謀生活』。我領到兩百塊，有的人還要倒貼，因爲丟了軍毯皮帶什麼。兩百塊啊！小姐，妳知不知道，人家國民黨的官養條狗，那條狗一天也不只吃兩百塊哦！」

「你現在做什麼職業？」

「開計程車呀！我已經六十五歲了，你總不能要我到了七十歲還在臺北開車吧？」

「我們要去遊行——」站在角落吃便當的老兵突然大聲對著我說，揮舞著手裡的筷子：「就走到總統家門口去——」

「總統家在哪裡？」

「在大直呀！我們帶便當去，吃喝拉撒都在他家門口……」離開會場，攔下一輛車，司機又是一張老兵的臉譜。

「老鄉，你怎麼沒去參加自謀生活老兵抗議大會呢？」

湖南腔很重的司機，背顯得很駝，很瘦。帶著譴責的口氣說：

「小姐爲什麼去聽那個？國家對我們有恩德，政府照顧我們，給我什麼，我接受。不給我什麼，我認命。抗議做什麼？這些人都是被民進黨利用啦！小姐不可以相信他們的話。」

之四

路上碰見記者，扛著照相機，喘著氣，驚魂未定的樣子。

「不得了！《臺灣日報》被砸了！一群人衝進去，三、四層樓，一層一層的砸，文件、電話、桌椅，一片混亂……我差點挨揍……」

「究竟爲什麼？」

「《臺灣日報》屬於軍方。前幾天刊出一篇文章，說龍山寺老人協會的老人，被民進黨用一人一千塊收買了去參加街頭抗議。這些老人氣不過，就去找《臺灣日報》理論，但一發不可收拾……你等著看晚間新聞吧！」

晚間新聞。朋友家的伯父伯母、叔叔、嬸嬸一大夥人，邊吃西瓜邊看電視。螢光幕上現出《臺灣日報》社內滿地的文件，傾倒的桌椅、扯斷的電話線。播報員以極富權威感與客觀性的職業聲音解說「暴民」如何如何罔顧法紀、受民進黨的煽動，而作出危害社會大眾的可恥事情。暴動的起因，一字不提。

伯母丟下西瓜，激動的說：「臺灣眞的要完蛋了。你看，民進黨這麼無法無法天，得寸進尺，簡直是共產黨嘛！政府怎麼不把這些壞人都關起來呢？」

「對呀？對呀！」一嘴金牙的嬸嬸也憤慨起來：「他們可以打報社，也可以打到我家來呀！他們是不是要打死外省人呢？」

電視記者繼續說：「……這些暴徒，政府有決心要繩之以法……」。

記於一九八七年八月

元首，可不可以侮辱？

柴契爾夫人走進美容院，找了一個位子坐下，帶點疲倦的對身後的理髮師說：

「找個英國人民認為最適合我的髮型吧！」

慓悍的理髮師一句話不說，拎起桌上的大剪刀，對準脖子「咔嚓」一聲把首相的頭剪掉，扔到一旁的垃圾桶裡。

一陣爆笑。

這是一個電視短劇，專門取笑、嘲諷英國的政壇人物，由英國廣播公司製作。不只在英國可以看到，整個歐陸的觀眾都可以看見柴爾夫人的頭掉在垃圾桶裡，像朵爛掉的花菜。

伊朗的柯梅尼罩著一身黑衣，滿臉莊嚴的站起來，兩隻手緩緩向前伸出，好像耶穌要擁抱世人一樣，匍匐的群眾虔敬而肅穆的準備接受柯梅尼的恩典。就在這個偉大的時刻，群眾後面的女人爆出一陣歡呼，熱情的衝向前去，把脫下來的透明三角褲、乳罩紛紛拋向柯梅尼……

這是不久前出現在西德電視螢光幕的一個鏡頭，幾百萬的歐洲人哈哈大笑一陣：頭頂著三角褲的柯梅尼和被砍了頭的柴契爾夫人一樣，都是茶餘飯後的消遣。

可是伊朗人並不覺得好笑。「德國人侮辱了我們的元首！」怎麼辦呢？伊朗政府立即驅逐了兩名西德外交官，命令所有駐西德領事館閉館一天，同時提出嚴重抗議，要求西德政府正式道歉。

西德對伊朗政權沒有什麼好感，但是得罪不起：幾名德國人質還困在中東，需要依賴伊朗的從中斡旋營救。然而西德政府也不能道歉，因爲沒有道歉的名目——民主國家的電視不是由政府操縱的，節目內容如何，政府沒有置喙的餘地。換句話說，政府並沒有權利告訴民間電臺：「這個諷刺柯梅尼的節目不能放映」，它自然也沒有權利代表民間電臺對柯梅尼「道歉」。

解釋了半天，伊朗方面聽得半信半疑：堂堂政府，連這樣的權利都沒有？對於一個所有媒體都受政府控制的國家，西德的解釋是很難理解的。

當柴爾夫人菜花頭落地的那一刻，英國人哄然大笑，大笑之後，擁護她的照樣擁護，反對她的繼續反對，但不論擁護者或反對者，對首相的敬重還是一樣的。六月的大選，使她成爲有史以來連任三屆的首相。爲什麼在英國，這樣「嚴重」的鏡頭，不會引起什麼「侮辱國家元首的指控」？爲什麼在伊朗，柯梅尼頭上飄著三角褲卻被認爲是國恥？這與西德是個「外國」沒有多大的關係，因爲伊朗本身的媒體也不容許對元首的嘲諷或戲謔。

讓我們換個主角：鄧小平走進理髮廳，對身後的師傅說：「剪個中國人民認爲最適合小平同志的頭吧！」師傅提起大剪，「咔嚓」一聲把鄧領導的頭剪斷了，頭顱連溜帶滾的跌進垃圾桶裡。蔣經國站在總統府前閱兵，十萬民眾正在歡呼「中華民國萬歲」的當兒，一群女明星衝上前去，把身上的奶罩、三角褲脫下來，熱情的抛在蔣主席頭上，掛得琳琅滿目……

如果出現這種電視鬧劇，會有什麼後果？

首先大概得看製作者是誰？若是外國，我想海峽兩岸的中國人都會把它看作對整個中華民族的嚴重侮辱。在國際上聲音比較大的中國可能會提外交抗議，一如伊朗；聲音比較小的臺灣大概就只能禁止影片入口了事。鬧劇的製作若是在國內，那問題就較嚴重了：「公然侮辱國家元首」，套一句中國人喜歡用的一句話，「其心可誅」，可是，究竟該裁多重的罪呢？不久以前，臺灣有國大代表聯名提議特別爲「侮辱國家元首」制定一個罪名。這顯然也表示，雖然他們認爲「侮辱國家元首」情節嚴重，但法律上並沒有特別的條例可以輕易取來懲罰「犯上」的人。

中國人和伊朗人可以不欣賞歐洲人的幽默方式，就好像歐洲人也不懂得欣賞中國人的幽默方式。（在一艘大海的渡輪上，曾看見一位中國老人對著船舷邊三歲大的孩子說：「跳，跳呀！」然後捧腹大笑。孩子只是冷淡的看他一眼，一旁的歐洲人卻駭然失色，覺得中國人的幽默很恐怖！）中國人與波斯人可以覺得，把三角褲掛在元首頭上，哼，一點也不好笑，低級！可是，把對元首的幽默不管低級或高級——視爲「侮辱」，而且想制定特例來判其罪，這就凸顯出一個民族對「人」的認知層面了。

社會學者與歷史學家可以從民族性、歷史源流、文化結構、政治發展等各種角度來解釋爲什麼中國人不能忍受元首頭上的三角褲。我看見的是個成熟度的問題。一個成熟的人對人性有比較深刻的了解，心裡明白人的種種僞裝與弱點，比較不容易接受一個神化的偶像。柴契爾爲什麼不能開玩笑？她難道不也是個必須吃飯、刷牙、坐馬桶、踩到香蕉皮不得不四腳朝天的人？爲什麼不能嘲笑密特朗？他難道不也是一個小時候偷過錢、年輕時單戀過陌生女子、結婚那晚緊張得兩腿發抖的小子？爲什麼不能戲弄柯梅尼？他難道不像所有的老人一樣，皮膚上布滿老人斑、吃飯前要取下假牙刷洗、常常記不得褲帶擱在哪個抽屜？

民主國家中的所謂元首，不是從天而降，而是從「人間」一階一階被送上去的，任何人都可以想像他脫下衣褲、跨坐馬桶的姿態。要把這樣一個「人」妝扮成一個神聖不可侵犯的「神」，人民恐怕反而視之爲鬧劇而失笑。

比較容易神化個人、崇拜個人的民族，大概還沒有認淸人性的弱點與它種種的卑劣吧！中國人到今天還認爲元首是神聖不可侵犯的——批評、指摘、諷刺、攻擊，都可輕易構成「侮辱」。這種態度的根源，不外乎「元首天子」的神權觀念——旣是天之子，當然就不是刷牙漱口坐馬桶的凡人。而這種觀念所反映的，豈不是人民對人性了解的單純與膚淺嗎？

臺灣的國大代表在爭執「元首，可不可以侮辱？」我不了解這爲什麼構成一個問題。基本上，這個命題和「王大頭可不可以侮辱」與「龍應台可不可以侮辱」根本一樣。因爲王大頭頭大、龍應台人醜，而加以批評、取笑、戲謔、嘲弄，當然可以，儘管王大頭與龍應台也許心裡生氣。但是吐一口痰在王大頭臉上，或當街把龍應台的長髮一把剪掉，這當然不可以，因爲這種行爲構成侵犯、侮辱，而王大頭和龍應台都受法律的保障。

同樣的，批評元首行政不力，當然可以，只要提得出論點來。嘲笑元首其貌不揚，有何不可?嘲笑並不犯罪。但如果在元首臉上吐一口痰或扯下他一撮頭髮，就構成罪行，必須由法律制裁。換句話說，保護王大頭與龍應台的法律也保護元首。王大頭與龍應台所不能免的——譬如批評、指摘、嘲弄，元首便也不能豁免。元首與王大頭、龍應台之間唯一的不同，只是他們的職業，除此之外無他。

想爲「侮辱元首」制定特別法律的國大代表們顯然一時忘記了這已是什麼時代。

臺灣作家哪裡去了？

現況：備受輕視的臺灣作家

「國際筆會在紐約召開，臺灣有個代表團去，成員多是知名作家，大陸上有四個作家去開會。在四位作家中，就有兩個人被列在全世界特別的四十位特別來賓之內。大會的時候，特別來賓……可以不必用英文發言，而用自己國家的語言。

「臺灣代表團預備好的英文論文，送到大會去，卻不列在議程中，連宣讀的機會都沒有。」

「德國政府在柏林辦了一個很大型的國際會議，主要邀請的對象是中共。中共認為，臺灣是中國的一省。他們要求：請了大陸作家，也要請臺灣作家。德國只好照辦。

「可是，他們也不便直接從臺灣邀請。後來請了幾位代表性的，像白先勇、陳若曦，是臺灣旅居美國的作家……記者招待會時，介紹到白先勇，就停下來不介紹了。有些官方宴會，不知道爲什麼沒有通知這些代表臺灣的作家，在旅館的門口，中國大陸來的作家，每個人都有一張照片和名字，臺灣的作家都沒有。」（〈臺灣文學爲什麼得不到國際公平待遇？〉《遠見》雜誌，一九八六年十一月一日。）

鄭愁予與李昂所描述的情況是旅居海外的中國作家與學人早就知道的。一位旅歐的作家很感嘆的說：「大陸開放以來，通過官方的文化交流計畫，不少作家受邀到歐洲演講座談等等。三流的作家都趾高氣昂的像中國的大文豪似的，到處受捧。臺灣的作家，根本沒有人邀請不說，勉強出來湊上一腳，還像私生子似的，沒人理睬。」

去年李昂從德國回來之後，憤怒的寫了篇文章爲臺灣的作家叫屈，引起一些對臺灣文學「定位」的討論。大部分的討論者都肯定國際對臺灣文學的漠視來自政治上的偏見，而結論中認爲臺灣作家不能因此自暴自棄，必須加倍的努力。

我的看法是，臺灣作家自身在創作上的努力與否，和他在國際上的地位，是分開來的兩回事。也就是說，我們的作家目前在國際上處於棄兒地位，並不是由於他的努力不夠，他的作品質量不夠好。不是的。

原因：為什麼受輕視

瑞士的電視有十幾個頻道，各有不同的語言：德語、瑞士方言、英語、法語、義大利語，羅曼敍的電臺，經常都有關於中國大陸的特別報導。昨晚的德語節目播出幾個北京大學生之間的對話，談如何「救中國」。我們可以問：為什麼西方的電視記者對臺灣的大學生沒有興趣。

答案很明顯：中國大陸富神秘感。封閉了這麼多年的大國家，一旦敞開，自然引起一窩蜂的熱潮，人的好奇心、求知欲需要滿足。大陸的一切事件，包括它的文學，仍舊充滿了「新聞性」。在這個基礎上大陸作家受到注目，臺灣作家可以平心靜氣的等著看塵埃落定。

西方知識分子所常有的雙重價值觀是另外一個重要的因素，也是一個比較複雜的問題。許多人站在自由的、富裕的土地上，一方面享受著民主制度給予他的言論自由以及資本主義給予他的經濟自由，一方面鄙視民主制度及資本主義而歌頌集體主義及共產主義：認為前者是懦弱而腐敗的，後者是剛強而充滿理想色彩的。問題的關鍵是，他絕對不願意自己的國家，不論是德國或美國，變成集體制的國家（剝奪了他言論及經濟上的自由），但是對一個集體制的第三世界國家，譬如中國，也可以發出讚美的嘆息。當一個第三世界國家採用的不是集體制，而是民主（或半民主）與資本主義時，這個富有理想主義，以思想先進自許的知識人就鄙視它的「懦弱與腐敗」。

需要例子嗎？多得是。一位來自美國著名大學的教授有一天看著臺灣的高中生穿著土黃色、軍人似的制服在操場上集體立正唱國歌，唱完國歌之後練習踢正步、齊步走。大太陽下一片黃土飛揚，他很感動的對我說：「眞美！這樣的紀律、這樣的集體感！」我輕描淡寫的反問他：「你希望你的兒子也接受這種紀律、集體的教育？」

「哦！不！」他搖搖頭，輕描淡寫的說：「美國人和中國人不一樣嘛！」

就是這個「不一樣」的基本假設，使某些西方知識分子持著雙重標準；在他自己的國家中他可能抨擊爲「法西斯主義」、「迫害」、「控制」的事情，發生在第三世界國家中卻是「眞美」的「紀律」與秩序，極權制度使第三世界有別於第一世界，平添了如許的羅曼蒂克革命風味與異國情調。中國，合於這個情調；臺灣，不合這個情調，所以是個從理想中墮落的第三世界國家。

許多所謂中間偏左的西方知識分子都有這個雙重標準的矛盾（當然，沒有矛盾的極右反共分子並不比他們可愛）。抱持這樣一個意識形態，而又進一步，以意識形態來衡量文學藝術，那麼結論必然是：臺灣的社會是個「墮落」的社會，所以它的文學必然是個「墮落」的文學，不值一顧。

如果李昂與鄭愁予對德國顧賓教授的描述沒有誤解（不曾親聆顧賓的演講，我不得不有所存疑，葉維廉已經指出一些以訛傳訛的誤會）：那麼顧賓就顯然是個以意識形態做爲文學尺度的評論者，而且他的意識形態相當吻合我所描述的雙重價值觀的模型。鄭愁予說，顧賓認爲「大陸這一代年輕的詩人都是很嚴肅的，他們的品質高尚，像北島、顧城，因文化大革命而失學，又是勞動階級，值得同情。臺灣的詩人以鄭愁予爲代表，是個浪子，又住在美國，這樣的詩人當然就寫出這樣的作品。」（《遠見》，頁九七）。

以意識形態來論斷藝術成就是個常見的現象，顧賓的例子並不稀奇。要對抗顧賓的結論，只有看研究中國現代文學的學者是否寫得出反駁的論文，指出顧賓的謬誤：這完全是學術上的辯論，與愛國情緒扯不上關係。問題在於，顧賓總算還讀了鄭愁予的詩，一般持有雙重標準的知識分子卻根本就沒有讀臺灣文學的興趣，因爲他早下了結論：腐敗的資本主義，會有什麼好文學？

李昂說：「改變外人對臺灣的看法，可能會連帶改變他們對臺灣作品的看法。他們先不覺得臺灣是腐敗的資本主義、落伍的第三世界國家，或許對臺灣文學會有另外一種看法。」（《遠見》，頁一〇〇）對於一個本來毫無我見的人，李昂說的或許有效。對於一個篤信社會主義優於資本主義的人而言，臺灣，相對於大陸，永遠是個「腐敗」的社會。一位大陸女作家來瑞士訪問，有人問她對臺灣作品的看法，她鄙夷的說：「看得不多！只看過白先勇的《臺北人》。我只知道以前的國民黨腐敗，原來他們到了臺灣之後，還是那個樣兒！沒什麼好看的！」

這個回答流露出她對文學本質的驚人的無知，她完全的混淆藝術與現實之間錯綜複雜的關係。但是她的回答也充分地表現了意識形態掛帥的典範。對於有同樣傾向的西方知識人，臺灣，比起樸素的大陸來無論如何總是一個「花花綠綠」的社會，而這個「花花綠綠」本身就是一個「腐敗」的標記。要贏得這些人的青睞，臺灣唯有脫胎換骨的「樸素」起來——這可能嗎？

不可能，而且不必！（我們還得記住：這樣的西方人本身來自一個「花花綠綠」的社會，而且死命維護他自己的「花花綠綠」）要迎合這類人的文學口味，我們等於認可兩個觀念：第一，資本主義黑、社會主義白。第二，文學的好壞由社會的好壞來決定。這兩個觀念都有問題，前者膚淺，後者荒謬。

總而言之，以意識形態為基礎來輕視臺灣文學的一派人，不論是中國人或西方人，都不值得臺灣作家尊重或憂慮：對就是對，錯就是錯的。但是，臺灣的文學受到海外的漠視，還有第三個因素，政治因素，臺灣的文學界不能不正視。

外國的國際會議為什麼不邀請臺灣的作家開會？外國的大學為什麼不邀請臺灣的作家演講？最基本的一個原因：臺灣與西方大多數國家都沒有外交關係，因此也就沒有隨著正式邦交而來的種種文化交流活動。臺灣與美國畢竟關係密切，還有一點文化上的往來（儘管如此，到美國訪問的文化人士仍舊經常感嘆在美國所受到的官方的冷淡）；臺灣之於歐洲，卻像個「老死不相往來」的國度。開會的地主國或者根本不理睬臺灣——名正言順的，因為沒有邦交；或者進行邀請而受到中共的抗議，他們的抗議也是名正言順的，因為中共才是邦交國；或者在中共的「開恩」之下邀請臺灣，如李昂所提德國柏林的例子。換句話說，在國際禮尚往來的密布線路上，臺灣根本不存在。

國內的作家因此指責這些國家把政治摻入文學；這個指責非常軟弱無力，因為第一，依靠正式的邦交契約來從事文化交流本來就是國際間的遊戲規則，臺灣不守這個規則（人家可不管你得已不得已，或者漢賊兩立不兩立）卻又想參加遊戲，怎麼辦得到呢？第二，臺灣政府本身就搞不清政治與學術或文學；在臺灣開的國際經濟會議不准許東歐共產國家的人參加就是一個例子。當自己的政府在以政治干預學術的時候，我們的作家又哪裡有權利抗議別人對臺灣文學的政治性排斥呢？

當某個國家拒絕給中華民國的旅客簽證，或者在簽證的手續上製造極大的困難，我們並不能指責別人以政治干預人權，因爲問題癥結在我們自己與別人沒有邦交。當西方的大國開國際會議而摒除臺灣，我們同樣沒有什麼譴責的餘地，因爲基本的問題還在於臺灣本身的處境。而這是一個可悲的處境！臺灣的菁英努力寫出的成果，國際間不屑一顧；我們所最愛寵尊敬的作家——代表臺灣的心靈——到國際上去受最輕侮的待遇。臺灣的作家憤憤不平，是應該的，但憤憤不平的對象，不該是那些按規章行事的外國，而是處於規章之外的自己的國家。

由政治癥結衍生出來第四個臺灣文學受漠視的原因。四十年來，臺灣的教育與政策一直強調臺灣是中國文化的正統，換句話說，在臺灣的文化代表中國文化，臺灣的文學代表中國文學，臺灣是中國傳統一脈相傳的掌門人。外國人若要研讀中國現代文學，那當然要研讀臺灣的作品。然而，在外國人的眼中呢？既然他研究的是「中國」，他憑什麼要放棄有十億人口的中國，而且那十億人口還生活在祖傳的土地上？設身處地的想，當臺灣人要研究美國文學時，他會把夏威夷文學當作對象嗎？要研究英國文學時，他會拿愛爾蘭文學作主要目標嗎？對「中國」文學有興趣的外國人專注於大陸的文學，根本是很自然的事情，我們莫可奈何。當編好座位的餐桌上放著一個牌子：「中國作家」時，理所當然那個位子上被請來的會是個大陸作家。在外國人的眼中，臺灣作家若要坐那個位子，就是個冒牌貨；他們認為，中國是中國，臺灣是臺灣，中國文學是中國文學，臺灣文學是臺灣文學。不把臺灣文學看做中國文學的主體，是臺灣文學受漠視的另一因素。

打著「中國」的旗號，臺灣的文學被看做冒牌貨而受到摒棄（臺灣的電影也有一樣的遭遇，所以我們優秀的新銳導演才會希望以「臺灣」的電影出頭）。在餐桌上想去坐「中國作家」的位子而受到排斥；臺灣作家難免要接著問，如果我不吹「中國」的號角，乾乾脆脆就驕傲的做一個「臺灣」的作家呢？難道餐桌上仍舊沒有我的位子？我是這麼優秀的一個作家，為什麼要受冒牌貨的待遇？

怎麼辦？

臺灣的文學，不管如何豐富，會一直受到漠視，臺灣的作家，不管如何優秀，會一直受到忽視，除非政府解開那個政治上的死結；解開了，臺灣的文學才有可能受到國際間「正常」的注意，因而產生比較客觀、公正的評價。臺灣必須重新回到國際的圈子裡來；一日國與國之間有正式的邦交，作品的交流與作家的交換、溝通，都變成輕而易舉的事。

但是要解決外交問題，臺灣政府必須先面對自己的「法統」問題。幾十年來不曾面對，最近總算在立法院中成為公開辯論的題目，能夠公開辯論，就比一味逃避要有希望。但做決策的人必須了解；人的忍耐是有限度的。臺灣的作家在最近一兩年才開始感受到孤立的壓迫與痛苦，我們的體育人才（和作家一樣是競技者）老早就飽嘗排斥的辛酸。政治癥結不解決，更多的人不得不訴諸「自力救濟」；自力救濟廣泛到某一個程度，就變成現行制度的瓦解。那個時候要面對問題也嫌遲了。

臺灣對大陸的態度是另一個必須徹底檢討的課題。劉紹銘與馬漢茂去年在西德開的文學會議，標榜中文的大同世界，提供了一個相當重要的觀念：凡是以中文寫作的社會，都是中國文學研究的對象，包括大陸、臺灣、香港、新加坡等等，以中國語文做爲唯一的範圍，拆掉政治所建築起來的圍牆。

這個觀念對臺灣的作家尤其重要，因爲只有在這個界定之下，臺灣的文學才不必因爲地小人寡勢弱而被標籤爲「邊疆文學」。它可以在中文的大廣場上自由的競技。愛爾蘭與英國之間是因爲沒有政治的鐵牆，小小愛爾蘭的喬埃思、葉慈、蕭伯納才在公開競技的情況下在英語文學中脫穎而出，取得文學主流的地位。假設愛爾蘭的政府完全封鎖英國的文學，也就是說，喬埃思、葉慈、蕭伯納，都在小小的都柏林家中閉門創作，從來沒有讀過當代倫敦作家的作品，也完全不知道英國作家在寫些什麼、談些什麼，在這種封鎖的情況下，請問：愛爾蘭會產生什麼樣的文學作品？什麼樣的作家？

這樣的假設相信許多人覺得驚駭，但是臺灣正處於這個封鎖的狀態。三十年代前後的文學依舊被禁——我們能不能想像研讀美國現代文學的人發覺整個二、三〇年代的海明威、福克納、費滋傑羅被禁？當代的大陸文學創作或者學術論著，臺灣更是一無所知。韋政通教授的話令人沉痛：「以我自己作十九世紀思想史的研究而言，大陸資料也非常多。我只能偶爾到中研院近史所的特藏室去看點資料，但是我不能影印，所以我只能看看目錄，看看誰做了些什麼，卻不能詳細引用資料，利用他們的成果。這是臺灣學界深受其痛的經驗。」（《文星》一〇五號，頁七一）「只能看看目錄」還作什麼學術研究呢？韋政通的感嘆道出一整代臺灣學人的悲哀。

對臺灣的文學成就有所懷疑的人很可以這麼說：你們新生代的作家既沒有傳統的繼承——從來沒看過魯迅、巴金、沈從文、錢鍾書的作品，也沒有橫的觀摩——不知道十億中文人口在創造些什麼。閉門造車的文學會有什麼好的文學？

若有人這樣指責，我們的作家大概只能啞口無言。

當有「中國熱」的外人說：「大陸文學比臺灣好」的時候，臺灣作家不服氣，可是，不服氣又怎麼樣呢？要反駁，就必須先大量的讀過大陸的當代作品，與臺灣的有所比較，才能有所反駁。在無知的狀態下，當然只有悶聲挨打的分。

臺灣的作家如果要在中文文學上取得主流地位（如喬埃思、葉慈、蕭伯納），他絕對不可以在封鎖無知的狀態中創作。文學是競技，他必須觀摩切磋別人的成就，進而肯定自己。大陸作家對臺灣文學有沒有興趣，那是他們的事（大井裡頭也會有蛙），但是臺灣作家，應該有放眼天下的自我期許，這個「天下」，不可以不包括十億的中文人口。

幾十年來，要求政府開放大陸資料的呼聲一直不曾斷過。國內的知識分子不說，海外學人如傅偉勳，外國漢學家如馬漢茂等等，都寫過文章大聲呼籲。結果等於零。目前書坊間零零星星可以找到三十年代的名著，雜誌開始轉載大陸的作品，出版社也開始發行大陸的小說。在明令禁止的情況下，這赫然又是知識界的一種「自力救濟」。下一步或許是「文藝界千人大簽名」、立法院前請願、「文學宣言」發表會等等……。我的問題是：爲什麼當局總要等到被逼到了死角，才肯改革？

結論

臺灣與大陸的文學界都很熱中中國人得諾貝爾獎的話題。事實上諾貝爾文學獎眞是個無聊的東西。它的文學價值觀，無論如何客觀，都局限於它西方的傳統。中國人要爭取它，就如同希望中國柳眉鳳眼的女子去比賽深目隆鼻金髮的審美項目一樣。哪一年就是輪到了中國作家，也大致只是該「輪」到了罷了，沒有什麼意義。但是，一個屬於「中文大同世界」（或者傅偉勳所說的「文化中國」）的文學獎，卻很有意義：就某一個程度而言，它代表廣大的十億多人，在彼此擁有共通的語言與價值觀的情況下，共同肯定的一個品質。大陸的開放，使它的作家獲得新生的機會，臺灣的文學界有相當熱烈的反應，阿城的風行是一個例子。但是在進入這個中文大同世界的路途上，臺灣本身有一重又一重的障礙必須突破。在這些障礙拆除之前，臺灣作家根本沒有公平、公開競技的機會。

今年五月，國際筆會將在瑞士舉行。臺灣和大陸都有作家代表團前來——他們會受到什麼樣的待遇呢？

詩人拎起皮箱

——瑞士國際筆會後記

柳條柔軟的垂入水中。一隻肥胖的母鴨趴在石塊上曬太陽，身邊圍繞著十幾球毛茸茸的鵝黃。母鴨伸伸翅膀，短短的腳一晃一晃走到水邊，「噗」一聲跳進湖裡，比拳頭還小的鵝黃乳鴨搖搖擺擺，也「噗噗」的一隻一隻跌進水裡去。

旁觀的人越來越多，在堤岸上圍成一環，個個伸長了脖子，喜悅的看著在柳條間漂浮的鴨子。

「嘿！總共有十六個乳鴨哩！」

「怎麼母鴨是白的，小鴨是黃的？」

「哎呀，那集小的夾在樹枝裡了……」

人們嘰嘰喳喳的說話，各種語言都有：英語、德語、法語、義大利語、土耳其語、日本語，還有我完全聽不懂的，大概是斯拉夫語。不同的人種，來自不同的地方，但是面對著湖光鴨影的臉上卻透著一樣的表情：歡喜、寵愛、興奮。從遠處看，會以爲這岸上一群人來自同一個小村子，正在交頭接耳的談些什麼村里閒事。

是這春日的下午，幾隻站都站不穩的小乳鴨，牽引了人心中對生命的敬重與感動吧！而堤岸上這些人所屬的國家或許正在打仗，屠殺對方的兄弟姊妹呢！

在瑞士 Lugano 湖的鴨岸上，有五百多個作家，或者多多少少與寫作有關的人，聚集在一起，希望宣揚他們對生命的敬重與感動。這是第五十度的國際筆會。

離開幕酒會還有四小時，蹓到會場，一抬眼就看見屋簷上七、八幅巨大的油畫國旗；筆會國當然不只七、八個，這幾幅只是象徵它的國際性吧！而中華民國的國旗赫然是居中的一幅。

四個小時之後，我去參加開幕，發現國旗不見了；八面都悄悄取了下來。大部分的與會者根本就沒看到任何國旗。

從籌辦秘書手中接過一杯香檳，我問她：

「露琪亞，怎麼下午的國旗卸走了？」

她很謹慎的說：

「有人抗議怎麼他們的旗子不在裡面，所以我們乾脆全部拿下。省得麻煩！」

辦理報到的桌旁擠滿了人，亂成一團。一個日本女作家對我微笑：「我是寫小說的，你寫什麼？」

我說：「我寫小說批評。」邊說邊覺得這遊戲好玩，有點「螳螂捕蟬，黃雀在後」的味道。

「啊哈！」她大叫一聲，萬分驚喜的從皮包裡掏出一本書來放在我手上：「這是我的小說——」。

又掏出一本筆記：「這兒有白紙——」

又掏出一支筆，塞在我手心：

「這兒有筆——」

她把姿態擺好，看著我說，「您是個批評家，我是個小說家，太好了。請訪問我吧！現在就可以開始——」

側著耳朵，依稀聽見背後的談話：

「你是西德記者？我是嘰哩呱啦。你好。我出過二十本小說，有些已經翻成德文，賣得很不錯，一天到晚要爲讀者簽名，哎呀，忙死了。下個月我應邀到你們那兒演講，你要不要訪問我？這是我的名片，這是我的剪報……」

到角落裡去取果汁，看見南非的團員之一，一個肥胖的中年婦人，穿著一身鮮紅的衣裙。看看她的名牌，問她：「您寫些什麼？」

「我出過十三本小說，我在南非很有名的，」胖女人頓了一下，很僵硬的笑兩聲，繼續說：「我以爲我已經很出名了，但顯然您並不知道我，哈哈，可見得我還要努力。世界性的知名度才是我的目標。」

「文學沒有國界；它必須超越任何政治糾紛，在國與國之間無礙的流通。」

這是國際筆會宗旨的第一條，揭櫫一個理想：希望文學能把人從政治、種族、宗教種種的偏見與仇恨中提昇出來，至少在文學的領域裡，人是平等而相互尊重的。作家是社會的發言人，把世界各國的作家聚在一起，當然是希望筆的力量可以取代刀的力量，撤除人與人、國與國之間的藩籬。

實際上的國際筆會卻與理想差距很遠。八六年在紐約開的筆會，主辦者因爲政治原因而極力排擠、侮辱臺灣的代表團，（見本書頁八一），臺灣（尤其是政府）本身要爲自己的受辱負絕大部分的責任，主辦筆會的紐約文人卻也在自打耳光：以一己的意識形態來打擊「敵人」，製造另一種藩籬，與國際筆會的理想背道而馳。

今年的筆會，整體說來平淡無事。主辦者是小國瑞士中的一個小鎮，只有兩萬人口的Lugano。小地方的人大概連大陸與臺灣的國旗都搞不清楚，沒有什麼討好誰、排擠誰的政治意圖。但是今年的筆會，即使在它的平淡中，也讓我深刻的體會到：世界大同是個遙不可及的神話、幻想。

都要講媽媽敎的話——藩籬之一

今年的大會主題是「作家與邊界文學」。出題的大概是說義大利語的人，「邊界文學」一詞譯成英文時（Border Literature）根本令人難解。對於一個英國人，「邊界文學」望文生義指的大概是蘇格蘭文學。對於一個美國人,「邊界文學」根本不通,如果把 border 用 frontier 來取代,指的又是「墾荒文學」,美國開國早期的文學。

而這兩種涵意又都不是出題者的原意。大會主席是瑞士義語與羅曼敍語筆會的會長,他所說的「邊界」指的是「藩籬」,阻礙人與人溝通的疆界。在致詞中他一再的強調:「只有文學能拆掉所有的疆界。」

以文學來拆除種族與種族之間、國與國之間的圍牆,這才是今年大會的主旨。有趣的是,人們嘴上呼籲的也許是圍牆的撤除,實際做的,卻是築牆的工作。

語言是一道明顯的大工程,由主辦者本身築起。在大會所發出的一切文件中,有義文、法文、英文,獨缺德文。這是件稀奇的事:第一,德文是筆會正式列入的四大語文之一;第二,德語可以說是地主國瑞士的「國語」(百分之七十五德語,百分之二十法語,百分之四義語,百分之一羅曼敍語)。一個國際大會在瑞士舉辦而排除德語,這「故意」的痕跡就太明顯了。

一位本地的義文作家說:「我們到蘇黎世去開什麼會時,都得講德語。現在也讓德語人嘗嘗這個『聽不懂』的滋味!」

這百分之四的義語人做得也眞絕，不但所有公文上沒有德文，大會頭兩天受邀的演講人中，全部是講法語和義語者，夾上幾個說英語的英美作家。最後一天很重要的各國代表行政會議上，英、法、義的譯員都在，德語譯員卻不知去向。東德代表不得已只好以英語發言。

以中國人的標準來看，義語瑞人其實並沒有受到「虐待」與歧視。即使在德語區，所有的公共告示、貨品標籤、使用說明書等等，都印有德、法、義三種文字。義語人也有他們自己的電視臺，不受任何德語的干擾。中國人也許覺得奇怪：「只有百分之四，嚷嚷什麼？」這是觀念的問題，義語瑞士人覺得百分之四也得受到絕對的尊重，有嚷嚷的權利。

我問一個德語瑞士人是否對大會有所反感，他笑著說：「無所謂吧！爲自己母語的覺得驕傲是很自然的事。」義語人表現了處於劣勢的少數民族的緊張，這個德語人則流露了主要民族的隨和大度。令人莞爾的是，瑞士的「主要民族」其實本身又是一個「少數民族」，因爲瑞士德語是德國人不太聽得懂、經常加以取笑的一種方言。爲了對抗人多勢眾的德國，瑞士德人也很緊張的保護自己的「土話」，努力強調他驕傲的母語。學校裡教的、書本上印的，固然都是所謂「標準德語」，在任何場合，講的卻是瑞士的「土話」。

語言的藩籬大概是拆除不了的，因爲語言是文化的根。對於語言，或許「拆除」要作另解，不是把籬笆拆掉，以「我大你小」的原則，強迫你用我的語言，而是尊重彼此的籬笆，學習去了解對方耕耘的方式。

強勢文化與弱勢文化——藩籬之二

如果一個外星人聽說有個屬於全人類的國際筆會而來到 Lugano 實地觀摩的話，他回到自己的星球之後一定會提出這樣的報告：「地球上百分之九十是白種人！」

國際筆會的現任幹部，從主席到財務秘書，全是白人。今年大會所邀請的七十二位特別來賓中，百分之九十是白人。大會印出九十篇論文，得到安排上臺去念論文的，絕大多數是白人。亞洲人中只有兩個有上臺機會，一是日本作家，當他出現時，原來在臺前忙著閃光照相的記者們就收下相機，坐下來休息。中國的羅洛是另一個；該輪到他時，主席卻宣布「今天到此爲止」。羅洛也莫名其妙，去問了主辦人，主辦人說沒有收到他的英文稿子——很可笑的藉口，因爲稿子早就印在書裡，會員人手一本。等到第二天，在所有的人都聽得筋疲力竭、飢腸轆轆的時候，主席才點羅洛的名，作爲最後一個演講人，也是最不受歡迎的，因爲臺下人心惶惶，騷動不安，都想吃飯去了。

白人演講，當然講的也是白人的問題。六場演講會中，兩場指定談中歐文學與義大利文學，其他的四場也大致繞著歐洲文學打轉。不管是講哪一種歐洲語言，引喻時所用到的名字——但丁、歌德、左拉——都屬於歐洲一體的文學傳統。相對的，當亞洲人用典故時，他卻不得不跨出自己的文學傳統去迎合歐洲人的知識範圍。日本作家談的，是西方文學如何打開了日本的疆域。羅洛在提到魯迅與巴金的同時，必須提到但丁、巴爾扎克、羅曼羅蘭。余光中的論文中觸及莊子，卻也難免引用了歌德與雪萊。

情勢非常清楚：歐洲人沉溺在自己的文學範圍中，對歐洲以外的文學既無了解也無興趣，而他們又有自我沉溺的權利，因爲別的民族也都把歐洲文學作爲重要的研究對象。這情形就像多數美國人不會說外語，因爲他覺得，「反正全世界的人都會說英語嘛。」

英語成爲國際語言，不是由於它比其他語言優越，而是由於講英語的兩個國家，英國與美國，挾其政治、經濟勢力而推銷了他們的語言。歐洲文學成爲世界文學的主流，也不見得是因爲它的藝術造詣超越其他文學；世界上有許多歷史悠久的文學是沒有經過充分的涉獵，現代人對埃及、印度、中國的文學有多深的了解？但是歐洲國家有強大的政治、經濟、科技勢力，對整個世界有主宰性的力量，它的文學，也隨著這個勢力擴張它世界性的影響。

國際筆會的骨髓精神是反強權的，宗旨中強調：「文學是國際間唯一的價值標準。」也就是想抵抗現實世界中政經勢力的凌駕一切。詩人George Steiner在今年的演講中並不曾忘記這個問題。他認爲英語成爲世界語言，隨之英文成爲世界性文字，是一件深深值得憂慮的現象。一個在政治上沒有地位的小國家、小文化，也許出品了最優秀的文學作品，但是不翻譯成英文就沒有人看，任其埋沒。他擔心世界文學的一元化、同質化。

今年的國際筆會，在我這個所謂第三世界作家的眼中，正展現了這麼一個同質化、一元化的現象。名爲國際筆會，其實是個歐洲筆會或白人筆會。歐洲作家聚集一堂，用歐洲的語言，引伸歐洲的傳統，討論歐洲的問題（註）。非歐洲國家的在場，只是個無足輕重的陪襯。

在強勢文化與弱勢文化之間，有著一條萬丈深溝，還看不見搭橋的可能。

迫害者與被迫害者——藩籬之三

「國際筆會主張思想的自由傳播。會員將全力反抗任何形式的思想箝制……爲了使世界朝向更合理的政治、經濟程序，國際筆會深信對政府的自由批判有絕對的必要……」

國際筆會的基本宣言透露出濃重的政治氣息，而事實上，它就是一個政治性的組織。如果純粹爲了討論文學，世界各國每年都有大大小小的文學會議，爲文學而開會。國際筆會的宗旨卻只有一個核心：爲全世界的作家爭取思想、言論的自由。一旦有了這個目標，就不得不與許多政權敵對，成爲一種政治活動。國際筆會在本質上其實是一個「國際作家人權組織」。

這個特性貫穿了今年的筆會。第一天演講的 George Steiner 語調高昂的說：

「一個詩人，身邊應該隨時有一口整理好的皮箱，隨時準備離棄他的『祖國』——如果那個『祖國』剝奪了他言論的自由。」

詩人不可以妥協，他必須以「離棄」的實際行動來表達他的抗議，制裁一個沒有自由的祖國。

被邀演講的蘇聯流亡作家 Vladimir Maximov 對於他極權的「祖國」更有著「漢賊不兩立」的憤慨。他嚴厲指責西方作家的雙重標準，一方面高談人權與自由民主，一方面卻又與蘇聯政府友好：

「對這位拉丁美洲的諾貝爾獎作家，我完全無法苟同。他竟然公開贊同蘇聯占據捷克與阿富汗，他竟然稱波蘭的工會運動爲『法西斯』！

「而我與那個瑞士的名作家又有什麼好說的？他拒絕了法國政府的邀請，說法國是個發展核子武器的國家。好吧，可是爲什麼同時他卻又接受了蘇聯的邀請？蘇聯的核武突然就不算數了？

「我跟這個英國小說家當然也是『道不同不相爲謀』的。自稱爲天主教徒，最近卻在莫斯科公開宣稱他與那個極權國家的警察頭子很有私交。任何一個有點自尊的作家裡，即使是在一個民主國家裡，也不應該和一個警察頭子交往啊！是我太天眞了嗎？」

Maximov 對西方作家的指控，正好是我〈臺灣作家哪裡去〉中提到的某些西方知識分子的雙重標準（包括在西方立足的中國知識分子）。他們自視爲民主自由的捍衛者，可是當中國或蘇聯的極權政府轉而招喚時，這些人又受寵若驚的趕去討好。這是理想的折價拍賣。

然而，事情又並不這麼簡單。照 Steiner 和 Maximov 的原則，要與極權者劃清界限，詩人應該拎起皮箱頭也不回的離棄祖國，也就是說，成爲一個流亡作家。流亡作家的代價是什麼？恐怕是百年的孤寂。每年的筆會都有東歐的流亡作家與會，匈牙利的 Csicsry-Ronay 是個令人嘆息的例子。

一九四七年，他才三十歲。因爲寫文章批評了蘇聯在匈牙利所設的傀儡政府而被判刑。他拎起了皮箱、離棄了祖國。四十年來住在美國，寫匈牙利文，出版匈牙利書；但他所寫的、所出版的，當然是匈牙利不准進口的禁書，所以看得懂的人看不到，看得到的人看不懂。四十年如眞空般的寂寞，是流亡作家的代價。

而流亡的效果又有多大？像蘇聯這樣的超強大國，它的流亡作家引人注目，還可以爭取到西方諸國的支持，對莫斯科施加有限的壓力。小國的流亡作家不受重視，無法凝聚國際輿論，而自己的作品又失去了讀者。對強權政府的抵抗只是個人的測驗，難有什麼實質的效果。

與極權者劃清界限也不是單純的事。有人認爲不劃清界限就是爲虎作倀，卻也有人認爲劃清界限還不如「滲透顚覆」，從內部去改造它比較有效。此外，如何將極權國中的政府與人民分開，是另外一個難題。

西方各國用經濟抵制的方式來制裁南非，目標當然是實施種族歧視的白人政府。反對抵制的人說，經濟抵制傷害到的不是白人政府，反而是西方人希望救助的貧困黑人老百姓！這是個投鼠忌器的難題：如何懲罰一個政府而不傷到它所控制的無辜百姓？

這個難題是今年筆會的主題之一；南韓，是主角。

今年的南韓代表團人數最多，在會場擺了一個攤子爲明年在漢城召開的國際筆會作宣傳預告。表面上的謙虛客氣遮不住他們心裡的緊張。美國、東德、瑞典及芬蘭的代表準備杯葛漢城會議，用來表示對全斗煥高壓政府的制裁。

南韓代表的處境大概是最困難的了。他如果爲政府辯護，筆會的人會把他當作全斗煥的走狗、幫凶，而否決漢城會議。基本上，大家心裡也都有數：那些來自共產國家或半民主國家的所謂代表，都不可能是強烈批評政府的諤諤之士，是的話，他們不會成爲代表。與會人士看南韓代表的眼光，自然是充滿懷疑的。

然而，儘管希望贏得筆會的信任，南韓代表也不敢公開承認自己的政府迫害作家，他畢竟還得回國去交代。在這兩難之中，南韓代表採取了低姿態，爭取同情票。一方面淡化全斗煥對文人的控制，一方面發出弱者呼救的聲音。

「現在情況已經改進了。我們去獄中探望了兩位作家，」韓國代表發言時說，「這兩位作家都說獄中情況良好，有吃的，有喝的，有用的；他們很滿意、很愉快……」

我聽得坐立不安——是他的英語表達有問題嗎？還是這個代表眞的認爲政府給獄中作家吃的、用的，值得嘉獎？

「有一位作家被關在牢裡，」南韓代表繼續發言：「是因爲他參與了縱火美國領事館的暴行，不是因爲他的言論。」

美國代表引用了一段新聞報導，指出韓國代表完全採用其政府的片面之言，那個作家的「縱火」根本沒有證據。東德代表更指責韓國代表有心掩護全斗煥的罪行。他取出一張表說：「根據北韓給我的資料，在南韓因文字而入獄的作家有十六名，爲什麼南韓代表只列出七名？」

淡化政府暴行的策略不成，韓國代表緊接著開始爭取同情：

「國際筆會來漢城開，會給我們的作家帶來希望……我不久前在獄中探望一位作家，面告他筆會將來漢城，他的眼中馬上閃出希望的光芒……我們需要你的幫助，請來救救我們！」

作家大概都感情豐富又帶點虛榮心的吧？韓國的示弱激起了各國代表濟弱扶傾的英雄感。紅頭髮的加拿大法語區代表情感衝動的說：「我本來是想投反對票的，但聽了韓代表的求助，非常非常感動。我們去漢城吧！」

當過駐外大使的象牙海岸代表慷慨激昂的說：「我們是民主的衞士、先鋒。現在南韓的兄弟們需要我們，我們怎麼可以無動於衷？」

臺灣的代表殷張蘭熙也說了話：「東方人講面子。筆會給韓國作家面子，會增加他們應付政府的籌碼。」

大會中情緒高昂，有點馬上要出兵，拯救韓國同胞的架式。南韓贏了這場外交仗。在場外偷偷活動的北韓人默默的離去。下一屆的國際筆會，將由漢城作主人，剛好連著漢城奧林匹克的盛會。明年的南韓，在國際舞臺上將有很醒目的演出。

看著南韓的代表們興奮的握手、道謝，不禁想起他們勇敢的學生，用自己的生命去與強權對抗。到最後，國際筆會到不到漢城開會只不過是個微不足道的手勢罷了；眞正能使韓國免於奴役、免於極權的，恐怕還是韓國百姓自己的覺醒。

外一章

東德代表考夫曼對南韓的人權問題表現得義正嚴辭，使我對他發生了興趣。難道東德，一個共產國家，會沒有箝制言論的問題？如果他對全斗煥的政府如此譴責，他對自己的政府又將如何？

「東德有沒有言論控制？」我直截了當的問他。

他也直截了當的回答：「沒有！」

「你是說，任何一本批評政府的書都可以出版？」我有點驚訝了。

「不，政府並沒有任何條文來檢查言論。批判政府的書無法出版，不是由於政府控制，而是出版社自作主張不肯出，」他頓了一下，又補充一句：

「資本主義國家中也是一樣的情形。」

這個睜眼說瞎話的人，當我是第三世界來的白癡嗎？忍著心裡好笑，我說：

「資本主義國家中的出版社不肯出某一本書，通常是以市場取向，錢的考慮，而不是思想內容的檢查。東德的出版社不敢出一本書，或者編輯不敢登一篇文章，當然是政治考慮，這不叫變相的言論控制嗎？」

我想說的是，我很熟悉這種變相的、隱藏式的言論控制，臺灣教了我。

「你還是找得到出版社的。譬如我寫了一本小說，叫《逃亡》，描寫一家東德人逃過柏林圍牆的故事。找了四家出版社，都不肯出，第五家卻答應了，而且，不管怎麼樣，東德不能出的書，很容易就可以到西德去出版，等於還是出了書。」

會議重新開始，打斷了我們的談話。我卻有點愕然：他一方面描述東德言論的限制，一方面卻眼也不眨的說東德沒有言論控制。這個人是怎麼回事？

會後碰到一個西德大報的記者，我轉述了東德作家代表的話，他搖搖頭說：

「這個人我很尊敬，是個篤信馬克斯主義的信徒。但他沒說眞話。東德確實有法令給予政府檢查、控制言論的權利。他可能不方便說。你也得想想，」西德記者噴口煙，「什麼樣的人會讓政府派出國來呢？」

我似乎能夠體諒東德代表的心情。他的回答有濃重的自衞情緒——「資本主義國家也是一樣！」就某個程度而言，他的說法並沒有錯。美國這個大資本國一向以言論自由的堡壘自居，但是在美國宣揚共產主義可是要受箝制的。考夫曼的自衞並不能掩飾東德政府對自由思想的限制。當他指責南韓的時候，是否也在心裡指責自己的政府呢？

一次國際筆會，使我再度看見人爲自己的理想所作的種種努力；支撐那個理想的原動力，我想，就是那在柳條間漂浮的鵝黃乳鴨所牽動的，人心中對生命的歡喜與敬重。然而在人笨拙的努力中，我更看見了難以克服的障礙；與理想並存的，是人的自私、狹隘、弱肉強食……。詩人即使拎起了皮箱，他所唾棄的罪惡並不因而停止。

註：我必須強調這只是今年筆會給我的印象。以往的筆會是否也是如此，因爲個人不曾參與，不敢作評。今年筆會由於在歐洲召開，歐洲代表較多，因而造成偏勢，也有可能。或許明年在韓國開的筆會會有不同的特色。

讓藝術的歸藝術

「受寵」的大陸作家

封閉多年的中國大陸開放之後，西方興起了一陣「中國熱」。中國的當代文學作品也在這股熱潮中受到高度的重視。大陸作家紛紛受邀到歐美各國去演講、座談，在西方的電視及報紙上以貴賓姿態出現，許多人的作品也在很快的速度下被翻譯成英文、德文等等。

另一方面，同樣是道地「中國作家」的臺灣作家，卻開始感到委屈。臺灣的作家難得受到正式邀請。在與大陸作家同席的會議上更難有「貴賓」的待遇，作品被西方人主動譯成外文的也寥寥可數。許多臺灣作家認爲臺灣整個文化環境與讀者品質都遠高於大陸，很懷疑大陸的文學成就會超過臺灣，對大陸作家的「受寵」難免忿忿不平。

對大陸作家「受寵」而忿忿不平的臺灣作家，其實並沒有深入分析前者「受寵」的環境因素。首先，大陸作品具有新聞性。從報導文學、傷痕文學，到什麼反思文學，都是探索神秘中國的輔助材料。許多人抱著企圖了解中國十年浩劫的目的去閱讀、去翻譯中國當代作品。美國《時代雜誌》以最大的篇幅，最醒目的方式推介鄭念的《在上海的生與死》，難道是著眼於該書的純藝術價值嗎？

臺灣作家受到相對的漠視當然還有極重要的政治因素——兩個中國的問題。臺灣的作家難得受到西方國家的邀請，誰也怪不了，只能怪自己的政府，當年退出聯合國，高姿態的「寧為玉碎，不為瓦全」，而今連瓦全也求之不得。各國與臺灣既無邦交，誰吃飽了沒事幹，去邀請臺灣的作家呢？

政治因素也牽涉到誰是「中國」作家的問題。對西方人而言，中國，就是東方那個有十億人口的國家；當代中國文學，就是關於那黃河邊、長江上與天災人禍掙扎奮鬥的中國人的文學；中國作家，當然就是來自那塊土地的作家。研究當代中國文學的人以大陸文學為主而忽視臺灣，就好像研究英國文學的人重視英倫而輕忽愛爾蘭，或是像研究美國文學的人以美國為主而忽視夏威夷的文學一樣，都是理所當然。在政治地位上臺灣既不代表中國，它的文學也就不被看作中國文學的主體。

種種的外在因素湊合起來，造成大陸作家在西方「受寵」的現象，這個現象卻絕對不能拿來當作衡量今日大陸文學「藝術」成就的尺度。與暢銷書一樣；暢銷本身只是一個現象，背後有許多客觀與主觀的促成因素，但暢銷的現象與一本書本身的獨立藝術價值是兩碼事。以藝術的角度評論，一本暢銷書可能是本極庸俗的濫品，也可能是個超時空的傑作。大陸作家的「受寵」現象，在未經過時間的考驗之前，也必須作如是觀。

似是而非的文學謬論

在臺灣政府全面開放當代大陸刊物之前，臺灣的作家沒有機會大量的閱讀海峽對岸的作品，因此也沒有資格宣稱「臺灣文學造詣超出大陸」。同樣的，在大陸作家未能全面深入的了解臺灣文學之前，說大陸文學如何優越也是廢話。然而，在這個兩邊都不怎麼知彼、不怎麼知此的階段，我卻在海外聽到許多似是而非的廢話。

最流行的一種「文學評論」是說：大陸文學可敬不可愛，臺灣文學可愛不可敬。這個說法翻譯出來就是說，大陸作品題材偉大，寫的是可歌可泣的民族血淚，但藝術手法粗糙。臺灣作品講究文字技術的嫺熟複雜，但是題材瑣屑，小鼻子小眼睛，都是男歡女愛的庸俗小事。

這不知是誰先創出來的胡說八道，卻蔚爲流行公式。這個半通不通的文學「評論」至少有兩個謬誤。首先是沒有認淸現實生活與藝術之間的距離。抗戰八年、文革十年，在一場一場浩劫之中；可敬的，是那些在最惡劣的環境中仍舊努力維持了尊嚴的人；悲壯的、偉大的，是這些人的生與死，痛苦與掙扎。可敬的，不是一部以此爲題材而藝術處理拙劣的作品。不論題材如何「偉大」「悲壯」，寫得不好，作品就是死的，沒有什麼可敬可愛的餘地。

以題材大小來論斷文學優劣往往是意識形態掛帥的表現，主張文以載道，而且「道」必須是感時憂國、民族血淚之類的大道。相對之下，兒女私情就是瑣屑的、墮落的小題材。「文以載道」與「爲藝術而藝術」之間的爭執在中外文學史上是個老掉牙的題目，暫且不提。値得一提的是，何謂題材的大與小？

在西方傳統中奉爲經典的希臘悲劇《伊底帕斯》，寫的是一個人如何逃不過命運的擺布，仍舊弒了父、娶了母，導致自己的毀滅——這個題材旣無關國家大事，又無涉民族仇恨；究竟是大還是小呢？張賢亮的《綠化樹》就寫活了那麼一個明快果敢的中國女子，那題材是大是小呢？李昂的《殺夫》刻劃的不外乎性虐待，這又是不是一個瑣屑而墮落的小題材呢？

當然不是。無關乎感時憂國、民族血淚，《伊底帕斯》探討了人在宇宙中的地位問題。《綠化樹》用文字塑成一個個性鮮明、呼之欲出的文學人物。《殺夫》剖露了男人與女人之間最原始的對抗關係。看似狹窄而個人的題材，其實有著不可測的深度；人性，正是一個不可測的深度，人性，也正是一個大得不能再大的題材。把感時憂國、民族血淚作爲唯一「可敬」的文學素材，實在是簡化、僵硬化了複雜的人生。

今年七月在柏林開的歐華學會上，談到文學，一位旅歐女作家氣血奔騰的說：

「有人說抗戰文學是八股文學，我就不同意！那是不懂事的年輕人說的話，我們這一代是經過那個浩劫，千辛萬苦過來的，抗戰文學絕對不是八股文學——」

「寫得好，就不是八股；寫得不好，就是八股。」一個年輕的作家忍不住反駁。

她繼續說：「抗戰的經驗是最偉大的，我是想起來都要哭的——」

「哭沒有用，要寫得好。寫得不好，你哭死也沒有用。」

短短一段針鋒相對，充分顯露兩個文學觀的對峙。一個主張用藝術的標準評價文學，一個卻以生活經驗來詮釋文學，運用一個簡單的邏輯：抗戰是可歌可泣的，所以抗戰文學也是可歌可泣的文學，題材「可敬」，其他就都不重要了。可敬不可愛、可愛不可敬的文學「批評」大致就基於這個頭腦簡單的邏輯。

「中國味道」是什麼意思

在海外，還常聽到一個論調：大陸文學比臺灣文學值得研究，因爲前者比較具有「中國味道」。

聽到這樣的評價，大陸作家是否會沾沾自喜呢？我倒覺得，這個聽起來像讚美的論調，其實隱藏著某種微妙的歧視，中國的作家不能不戒愼恐懼。試問，當一個英國評論者讀一本當代法國作品時，他會不會先問：這本小說有沒有「法國味道」？他會不會因爲那本小說沒有法國味道而認爲它沒有讀的價值？

肯定是不會的。在面對與自己平等的文學時，他尋找的是藝術價值：這本小說，在和所有他讀過的小說相比的情況下，究竟有多大的藝術成就？他會用與他評讀小說時一樣嚴苛的藝術標準來褒貶這本法國小說，而且毫不留情。諾貝爾獎得主高定的新作問世之後，被西方各國評論家批得體無完膚。沒有人在乎他曾是諾貝爾獎得主，沒有人問他的作品中是否有「英國味道」。

爲什麼在轉向中國文學時，「中國味道」卻成爲一個評價的標準？一個因素，如前所提及，當代中國文學仍舊被許多西方人當作社會學輔助材料。另一個因素，我稱之爲文學觀光客心理。一個歐美觀光客到了非洲，他所希望看見的是當地的「土著生活」，越「土」越有異國情調，能目睹人吃人、滿嘴血的鏡頭就更精采。如果他到的非洲城市竟然也有高樓汽車，行人衣冠整齊，一如觀光客自己，他會感到失望，因爲他尋找的是「非洲味道」。

觀光客文學評論

許多觀光客到中國去，找尋亭臺樓閣、鴉片、小腳、站著可以睡覺的苦力；當他發覺中國人和西方人一樣也在爲名利與物質享受汲汲營營，爲民主自由人權吶喊，他覺得「中國味道」沒有了，於是失望。讀一本中國小說，不去問它結構是否嚴謹，意義是否深刻，文字是否緊密精到，也不問它人物刻劃是否生動，意象是否具創意，更不拿它與世界其他文學傑作相衡論，卻一味的強調書中有「中國味道」，這就是觀光客程度的文學批評。喜歡看土著吃人、中國小腳的觀光客，並不把土著當成與自己同類而平等的人看待，猶如人到動物園裡去看兩條尾巴的猩猩一樣；只講「中國味道」的西方評論家，也並沒有把中國文學當平等的文學看待。觀光客與觀光文學評論家所共同流露的，是一種不自覺的優越感。

大陸作家突然之間「受寵」，絡繹不絕的到西方來與其他文化接觸，誰也不能否認是件好事。我相信海峽兩岸的人都希望見到中國文學受到國際的矚目，不管是由哪一邊帶動。但是，有器識的大陸作家必須洞悉這個「受寵」現象的環境因素。目前，越是在大陸遭受政治批判的作家，越容易受到西方重視。也就是說，西方對當代中國文學的接納角度，仍舊是新聞性的、政治性的、社會性的，還有，觀光性的。這種取向對大陸文學的茁長有極壞的影響：

第一，良莠的不分。爭議性大的作家不見得是眞正好的作家。但經過西方媒體的渲染，漢學家的趨之若鶩，爭議性大的作家就變成名作家、大作家。這無形中鼓勵作家「政治化」，而對那些沒有政治性卻極具藝術功力的作家卻是個打擊；他們反而沒有因藝術而受到肯定的機會。

第二，價値的混淆。觀光客的文學品味可能誘使年輕作家刻意的去營造所謂「中國味道」，而「中國味道」絕對不可以成爲一個寫作的目標。現在的「中國味道」，指的往往是近數十年來中國人民所受的種種創傷與痛苦；「三反五反」、「土改」、「文革」等等名辭與制度構成特殊而新奇的中國景觀。然而大陸文學要成熟，從而光華燦爛，它勢必要從記錄文學——包括報導文學、傷痕文學、反思文學等等——中成長、超越，而至脫離，進入高度的藝術領域中去。在高度的藝術領域中，文學要表現的，是「人」的味道，而不是狹窄的、層次低的所謂「中國味道」。我相信，一個眞正偉大的中國作家與任何國籍膚色的偉大作家最終極的關懷應該是一致的：人的價値。

作家的自省與淸醒

對大陸作家的「得寵」，臺灣的作家應該以平常心看待。臺灣的政治孤立是當初國民黨政府打的死結，近兩年來國府大刀闊斧的破了一些禁忌，或許政治孤立的死結竟也有鬆開的希望。孤立的死結解開之後，臺灣可以與外國推動正常的文化交流活動，臺灣的作家也可以有尊嚴的回到國際文壇中來。至於與大陸作家較量，書禁解了，在臺作家可以大量的看到大陸作品，那個時候，文評家就不難作有憑有據的比較與批評。誰好誰壞，讓我們以白紙黑字來討論，不必意氣。

「得寵」的大陸作家卻有著一個危機，有的受邀作家顯得深沉篤定，有的，卻在西方記者與漢學家的簇擁之下，言談之間志得意滿，常有人自稱爲「中國最優秀的作家」、「世界知名作家」。胸有丘壑的作家在受到西方推崇時，應該保持一種冷靜，一種淸醒。他必須逼問自己幾個問題：我的作品受到推崇，是因爲它的新聞性、政治性、社會性，或是它眞正的藝術造詣？西方的文學評論家在面對我的作品時，是否也用了和他批評本國文學時同樣縝密嚴格的標準（儘管這個標準的內容用在異國文學上必須有所調整）？或者因爲我是第三世界的作家而對我特別「寬容」？

維持一種清醒，同時盡量去了解其他國家的當代文學，擴展眼界胸懷，中國作家才可能獨立自主的爲自己的文學在世界文學中定位。我也期待大陸本身會逐漸發展出嚴格深刻而專業的文學批評，釐清干擾文學領域的政治、社會、新聞等外在因素，使中國當代文學走上正常的、藝術歸藝術的路線。

視大獎・必藐之

——與馬悅然談諾貝爾文學獎

每年的十月前後，總有中國人在問：今年的諾貝爾文學獎會不會頒給中國作家？即使不是十月，諾貝爾獎這個透著金光的大蘋果也常常掛在中國作家的眼前。有人指責瑞典人沒有眼光，不懂得欣賞中國文學；有人批判自己的文學，說中國作品根本就還不夠資格得這個世界大獎。大陸的詩人北島就曾說過，中國當代文學還得十年、二十年之後才可能成熟到獲得諾貝爾獎的地步。

諾貝爾文學獎，這個閃著金光的大蘋果，究竟是個什麼東西呢？

負責評選文學獎的，是十八位瑞典學院的院士。十八位之中有一位漢學家，馬悅然教授。去年他受邀參加在上海開的「中國當代文學國際討論會」，由北京的中國作協主辦。會議期間，馬悅然成爲中國作家的焦點：衝動的人向他抗議中國作家受到忽視，深沉的人對他下特別的「功夫」，爲將來鋪路。馬氏去年在臺灣受《聯合報》訪問時，記者所提的重心問題也就是那麼一個：中國作家哪年哪月可以獲得諾貝爾文學獎。

不管是臺灣或大陸，好像整個大中國的文藝界都在熱切的追求一個偉大的目標：得到諾貝爾文學獎。

這個獎，究竟有什麼價值呢？

先讓我們看看它產生的過程。在每年二月一日之前，推薦信必須交抵瑞典學院；大學文學系主任、各國筆會、歷任諾貝爾獎得主等等，都有推薦資格。十八位評審中的五人小組立即開始初選，從通常的一百五十個到兩百個的候選作家之中，挑選五位到十位的作家進入決審。十八位評審——一半是瑞典的作家，一位律師，其他是文學教授或評論家——從五月開始作「功課」，九月開始討論與辯論，十月的某一個星期四向世界公布他們最後的決定。

「爲什麼是十八位？九票對九票，怎麼辦？」

「本來是十七位，但在瑞典語中，『十七』的發音不但難聽，而且跟詛咒的話音似，所以決定要十八位。我們從來沒碰過九對九的情況，如果眞碰上了，就要抽籤決定。」

抽籤？那豈不表示一個諾貝爾獎有百分之五十是運氣。語言，是最難克服的問題。一個以西藏文或某種非洲偏僻方言創作的作家，有多大的機會讓西方讀者注意到他的存在？作品不翻譯成英德法等所謂「主要」語言，這些作家，不管如何優秀，都不太有得獎的可能。相反的，一個以英文創作的作家，只要他寫得好，不費什麼力氣就可以成為世界矚目的明星。十八位評審當然也了解語言的重要。除了母語瑞典文之外，每人都懂英法德三種文字，其次，有的人懂東歐語言，有的人通西班牙、義大利文，有的人懂中文。但是，這樣的分布仍舊不能解決語言的障礙。

「我們能夠倚賴的，只有翻譯。在已有譯本的情況下，譯本的好與壞影響很大。在上海開會時我曾經說過：北京外文出版社翻譯的中國作品簡直是謀殺中國文學，壞得令人反胃。在沒有譯本的情況下，我們就得倚賴專家，往往得由瑞典學院特別聘人翻譯。這就費時費力。我們需要兩三年的研讀時間。通常，一個得獎的作家都是在兩三年前就受到推薦的。不過倚賴專家，也不可靠。譬如討論一位中國作家，你或許必須讀夏志清的評論，但是夏志清的評論又有許多偏頗，他往往以西方文學的標準來論斷中國文學。於是你必須參看另一個人的評論，而另一個人又有另一個人的偏頗……」

翻譯，究竟能不能夠代表原作？這是個問題，尤其在詩的領域裡。棄原作而就翻譯，是一種不得已的妥協，而諾貝爾文學獎的評選就在這個妥協的基礎上。更進一步，即使語言隔閡不成問題，文學品味又必然構成另一個難題。每一個民族都有它獨特的文化傳統與思維方式；一個習慣於歐美文學表現方式的人，如何接受像印度、波斯，或中國那樣截然不同的文學傳統？他學會了「接受」之後，又能以什麼樣的標準來衡量不同文學傳統之間的「優劣」？

「我不贊成用西方的一套價值觀去論斷中國文學。譬如說，以現代西方小說的尺度來量中國章回小說，有人會說後者太鬆散、不成結構，所以是缺點。事實上，章回的表現技巧是中國文學裡的一個傳統，你必須接受這個傳統。我翻譯《水滸傳》時，就特別突出它口傳敍述的手法。這是中國文學的一個特色，不能看作缺點。」

接受一個異國的文體或許還不是眞正的困難所在。眞正的困難還在於價值觀的應用。譬如許多當代的大陸小說，用西方現代小說的角度來看，簡直傷感濫情得不忍卒讀。談婦女問題的小說，譬如諶容的幾本，與西方發展了多年的女性小說比較之下，就顯得極其粗糙幼稚。這個時候，我們應該說：濫情，是那個社會現階段的特色，必須接受、認可，或者說：避免濫情幼稚是一個絕對的、放諸四海皆準的文學尺度，中國文學也不例外？對異國文學的包容，與對藝術原則的堅持，兩者之間勢必要有一條線，但是誰畫得出這條線來？

對異國文學的「包容」，有時候，會變味成爲我所稱「觀光客文學」評論，就是說，西方人對自己領域內的文學，堅持以藝術原則去批評，對中國文學，卻捨藝術而追求異國情調、中國味道。

「濫情在當代中國作品中是很普遍。戴厚英的《人啊人》裡對愛情的描述，就很幼稚，她最重要的主題是人道主義，但從頭到尾不曾解釋人道主義是個什麼東西。還好不是每個人都這麼寫。有個叫李銳的，他對性的描述很冷、很客觀，高行健的小說也好得不得了。他的東西，當然背景、人物，都是中國的，但是沒有一點所謂『中國味道』，外國人完全可以心神領會。你所說西方人觀光文學的價值觀，確實存在。譬如劉賓雁和張辛欣的作品，那是報導——新聞記者的報導，很有趣，值得讀，但不是文學。諾貝爾文學獎有時候也會給錯了人，譬如當年給賽珍珠，動機大概就是追求中國的異國情調。事實上她只有那本《大地》寫得不錯，其他都是垃圾。」

「你對臺灣文學注意嗎？」

「跟大陸作品比起來，臺灣作品的語言顯得文雅、老式。兩邊作家對性的描寫，都還很害羞，半遮半掩的——瑞典有很優秀的色情文學。我滿欣賞向陽和余光中的詩，至於你的文章中所提關於臺灣作家受忽視的情況，我覺得臺灣政府應該可以做點什麼。臺灣不是很有錢嗎？成立專職機構把臺灣的文學作品翻譯出來，向世界介紹嘛！但是絕對要翻譯得好，不能像北京外文出版社一樣。」

「在你的心目中，諾貝爾文學獎是個什麼東西？」

「它就是十八個瑞典人給的一個文學獎，僅此而已。它不是一個世界文學獎！」

在與馬教授兩個多小時愉快而頻有啓發性的談話之中，自始至終我沒有問那一個問題：中國作家什麼時候會得諾貝爾獎？

因爲中國人得不得諾貝爾文學獎，在我看來，根本不重要。

由於語言是個無法克服的障礙，由於文化的鴻溝極難跨越，由於藝術價值觀不可能放諸四海而皆準，由於政治經濟的勢力導引一切，一個具實質意義的「世界文學獎」是不存在、不能存在的。諾貝爾文學獎只是十八個學有素養的瑞典人，在他們的有限能力之內，所能決定的一個文學獎。世界上大部分的優秀作家沒有這個獎——或因爲僧多粥少，或因爲這十八個人視野不及。而得到這個獎的作家之中，有些會受到長久歷史的肯定，許多也受到歷史的淘汰。把這個獎當作一個世界文學獎，而對它的評審委員作種種求全的要求，對這十八個人完全不公平，也是對這個獎的嚴重誤解。

但是，中國人欲得諾貝爾文學獎超乎尋常的急切，當然也透露出一個訊息：中國人特別需要西方的肯定來肯定自己。這一點，大概是很多人不願意承認但不得不承認的。我們的作家，必須躍過了漢學家的龍門，才能身價百倍。這種情況的荒謬可以在比較之下暴露出來，試問，中國也有許多專門研究美國文學的「美學家」！美國有什麼作家會寄望藉由中國的「美學家」來肯定他自己的價值？有什麼德國作家在乎臺灣哪個德文教授對他的評價？

漢學家中有良有莠，有像馬悅然那樣以平常心尋找眞正優秀的中國文學的人，也有一些程度很低、盲目胡言的人，也有一些以私利出發、專門挑選文學易銷品的人。這也不稀奇，任何藝術行業中都有良莠之分。但是當代中國作家，如果缺少基本的自持自尊，把西方漢學家當作評鑑人，把諾貝爾文學獎當作中國民族文學努力的大目標、大遠景，這樣的文學是什麼樣的文學呢？這樣的民族又是什麼樣的民族呢？

今年，在恭喜布洛斯基得獎之餘，我想，兩岸的中國作家應該有更重要的問題要去面對。

桃色之外

穿著雪白制服的年老侍者在車廂裡巡迴，一排一排的詢問：「還要咖啡嗎？」

這是一節餐車，火車從米蘭出發，開往蘇黎世，不斷的穿過阿爾卑斯山的山洞。

一個看起來歷經滄桑的婦人，操著義大利音濃厚的英語，和對座一對美國老夫婦聊天。話題從米蘭的時裝、紐約的珠寶、巴黎的咖啡店，轉到美國的政治。德州來的老先生剛剛說完他們在羅馬的豪華旅館有些什麼缺點，現在正在說：「哈特對他老婆不忠實。總統是要為人楷模的，他不配當總統。」他頓了一下，帶點驕傲的說：「對我們美國人而言，婚姻貞潔是極重要的。」

「你們到底是選總統還是選教皇？」婦人很不客氣的說：「我實在搞不懂你們美國人！哈特跟誰睡覺和他能不能處理內政、外交，究竟有什麼關係？你們要『乖孩子』來當總統，卡特不是個乖孩子？他可是個蠢得不得了的總統。」

哈特事件使我再度注意到美國人價值觀的混亂與矛盾。促使哈特下臺的中心因素是性，而性，在高喊了幾十年性革命的美國，仍舊有點骯髒下流的味道，必須與「乾淨」、「正常」的日常生活嚴密的隔開。所以在一般的雜誌畫報，或電視螢幕上，絕對看不到裸像，連小孩的光屁股裸露也屬禁忌（這一點，和臺灣倒是相像）。當郵局要出一套以聖母馬利亞爲畫面的郵票時，許多美國人極力的反對，原因是馬利亞哺乳的乳房露了出來，有傷風化。到海邊游泳，在沙灘換泳裝是違法的，就是用大毛巾遮著身體，躲躲閃閃的換也不可以。

「光明」的表面所禁止的，卻在陰暗的角落繁殖。錄影帶與小電影裡的性極盡想像的可能，性雜誌把女人、男人的肉體都反覆利用盡了之後，擴及小孩的肉體、殘障人、變性人、侏儒的肉體……，一般的海灘上連換衣服都有害善良風俗，卻冒出特殊的海灘，譬如紐約的火島，同性戀的男人就在太陽照曬的沙灘上赤裸裸的性交。

相形之下，西歐人對性的態度就比較自然，至少，他們不把人的裸體看作罪惡。一般的家庭雜誌中隨時可看見全裸的年輕母親，和光著身子的幼兒洗澡戲水的畫面。海灘上、游泳池畔，到處是裸著上身曬太陽的男男女女。洗三溫暖的人不分男女，面對面一絲不掛，也沒有人覺得傷害了什麼風俗。西歐人對美國人有多種的成見，認為美國人對性的態度上像個「僞君子」是最常聽見的批評，卻有它的道理在。

哈特當然不是爲了單純的性行爲而失勢的，他受到美國人的唾棄，是因爲他對妻子不忠，有了「婚外」性行爲。歷屆的美國總統大多有婚外「情」，暫且不提，美國人對婚姻的看法相當自我矛盾。一方面，在清教徒的道德驅使之下，他們強調禮教對個人的約束——「汝不可與人通姦」，另一方面，個人主義的薰陶又鼓勵一個人打破格局、擺脫束縛，盡一切力量追求個人的自由與幸福。一般的現代美國人都認爲離婚要比痛苦的廝守好，等於在表示，個人的自由與幸福比道德規範來得重要。

然而哈特又爲什麼受到千夫所指呢？誰知道他與妻子的感情如何？誰知道他與第三者的感情是否眞情？或許他正邁往離婚的路上，或許他正在設法解決感情的困境。既然任何人都有與妻子失和的可能，既然任何人都有追求幸福的權利，既然離婚也可能是個美德，怎麼哈特就不屬於這個「任何人」，沒有追求個人幸福的權利？

《華盛頓郵報》記者指著哈特的鼻子逼問：

「你是否曾與人通姦？」

記者代表了美國人擺脫不掉的清教徒的心態：道德窠臼至上。和火車中的義大利婦女一樣，許多人在問：爲什麼美國人把哈特的私事與他的競選公事扯在一起？

事實上，美國人對總統一向是公私不分的。一個男人被選上了總統，照理說，他的妻子可能是個白癡也可能是個天才，但人民選舉的不是她，她的政治權力和街上任何一個歐巴桑的政治權力一樣，不多一分。但是美國總統不一樣，他入了宮，家裡的雞和狗都昇天成了仙。妻子馬上擔當大任，羅斯福時代的艾蓮諾像個垂簾問政的太后，南茜雷根也大權在握，決定白宮官員的去留。

讓妻子問政掌權，固然是總統本人公私不分，美國老百姓其實也相當鼓勵這種作法。他們把隨著男人進宮的妻子封爲「第一夫人」，無形中宣揚「以夫爲貴」的觀念。許多美國小女孩的夢想，除了要做「美國小姐」之外，就是要作「第一夫人」，卻不說自己要當總統（畢竟美國還是沒有女總統）。如果作「美國小姐」是以色取勝，作「第一夫人」又是以什麼取勝呢？

把一個女人封爲「第一夫人」而愛之寵之驕縱之，其實是對那個女人的侮辱。她原來可以是一個律師，或教授，或記者，甚至於一個全心全意的母親，她可以憑她一己的努力而被稱為一個出色的律師、教授、記者、母親。但是美國的社會漠視她本身的條件，逕自稱她為「第一夫人」，不管是第一或尾巴，「夫人」就是「夫人」，某某人的妻子。她的價值，因此完全附著於另一個人身上。既然她附著於總統身上，她當然也就含糊籠統的變成國事的一部分，成為「嫁」出來的總統。

美國人把候選人的家庭私生活扯進公事來，大概也是因為心裡明白，除了自己「選」過來的總統之外，也得考慮那個「嫁」過來的裙帶總統呢！

記者躲在暗巷中偵察別人臥房的私生活，「下流」大概是最好的辭彙。哈特出事之後，有美國議員受到震撼，出來公開宣布自己是個同性戀者。他估計「自首」之後，就不會受記者的暗算了。美國的政治人物為什麼如此屈服於媒體的操縱？自然是因為他的政治生命倚賴媒體的塑造，可以促成他也可以顛覆他。這就是功利思想了。不為功利計算，政治人物就應該有保護自己人格的勇氣。當一個記者問：「你是否與人通姦？你做愛時採取什麼姿勢？」有格的政治人物可以回答：「滾你娘個蛋！Go To Hell！」

美國的記者以「人民有知的權利」為盾牌，有時候使出宵小的手段揭人隱私，固然是不道德的，新聞記者若是畏懼權勢，明知黑暗而不去揭發，又何嘗是道德呢？與美國記者背道而馳的，大概是中國的記者。在中國大陸，有哪個記者敢去追蹤、揭發一個當權派高官的「隱私」嗎？即使在已經大爲開放的臺灣，如果聽說有什麼中央要員、政治新星，是個關起門來把老婆弔起來毒打的男人，有沒有記者敢問他：「你是不是個虐待妻子的人？」本來男女關係只是男歡女愛，各取所需，但虐待妻子卻是違背人權、違反法律的事。新聞記者不敢去挖掘，或許比美國記者的挖掘過分更不道德。

可以原諒，不可以遺忘

六十七歲的老麥在克里夫蘭住了四十年。從汽車廠退休下來，他就只管在院子裡種花，偶爾帶著一條老狗上街走走。孩子們都長大了，各自獨立，只有老伴在家裡烤烤蛋糕、燒燒菜。提到老麥夫婦，鄰居會說：「啊，那對和氣的老人！」

有一天，老麥突然被逮捕了。以色列專門追獵納粹的政府部門說老麥在二次大戰中是煤氣房的管理工人，要求美國政府引渡到以色列當戰犯審判。美國照辦，所以老麥就不見了，離開了他住了四十年的家。

不但以色列有專門搜索納粹的機構，美國也有。只要是四十年前和納粹有過關係的，不論是遁逃南美的叢林或改名換姓匿居歐亞，天涯海角都會被搜出來，關進監獄中，面臨審判。這種「冤有頭、債有主」找納粹討還血債的行爲，不只是以色列猶太人的國家大事，也是歐美各國，尤其是巨無霸的美國，所熱切資助的。華德翰競選奧國總統時，猶太人提出嚴重抗議與警告，指控他是一名納粹，引起國際注目。今年的諾貝爾和平獎，頒給了一個畢生爲猶太人作見證的作家。這種種跡象都顯示以色列國家雖小，猶太人的「血債」卻近乎「匹夫有責」，人人都得熱切關懷。

猶太人在西方舞臺上聲音特別大，當然有許多原因。原因之一：猶太人財大勢大；尤其在美國，不論是新聞、政治或經濟，都有舉足輕重的控制分量。原因之二：猶太人是弱者；沒有其他民族（至少在西方人的觀念裡）受過那麼多的苦難。原因之三：西方人有罪惡感；多少猶太人的苦難是西方人所造成的。

以色列出動的每一次逮捕，西方的報紙都要發出勝利的歡呼：又一個納粹頭子在南美被捕！以色列的發言人講話像「正義之聲」。同時刊出這萬惡不赦的罪人的照片：啊，視茫茫，髮蒼蒼，齒牙動搖，皮膚皺得像乾橘皮，竟是個年近八十的老人，眼睛裡一片衰老的茫然。雖說四十年過去了，他們怎能逃得了歲月的審判呢？

指揮大軍作戰的將軍落網了。幕後作計畫的參謀落網了。俯案寫文書、貼布告的秘書落網了。還有，當年才二十出頭的煤氣房管理工人——老麥，也落網了。老麥愛焙蛋糕的老伴緊緊擁抱著老麥的照片，面對新聞記者，哭著說：「他沒罪呀！」

這究竟是怎麼回事呢？以文明、成熟自詡的西方列強，很篤定的幫助以色列萬里尋仇，連「始作俑者」的德國也悶聲不響，表示默默的贊同。獵捕四十年前的納粹似乎是文明國之間的國際公法，不容置疑。作爲一個與猶太人毫無瓜葛、不懷欠疚的中國人冷眼旁觀，卻覺得這個西方人認爲理所當然的現象，與我所了解的人性有很大的衝突。

我所懷疑的，不僅在於懲罰一個八十歲的老人究竟有什麼意義。在一般的法律中，三十年前所犯的錯誤是不必追究的。三十年的流水光陰中，年幼的長成，年長的凋謝，大概也綽綽足夠使受傷的痊癒、作惡的懺悔。三十年，大概也足夠使埋藏罪孽的泥土，抽長出新生的希望。可是猶太宗教著重「以眼還眼，以牙還牙」，四十年的舊恨一如昨日的新仇。這筆血海深仇，哪管八十歲或者九十歲，只要一口游絲氣還在，就是懲罰的對象。這是一本人生字典，裡面獨缺「寬恕」的辭彙。

我想問的，倒不在於爲什麼在同一時候遭受極大殘害的中國人，不曾像猶太人一樣成爲捕獵戰犯的債主？沒有聽說過美國或是法國幫助中國人，在東亞的叢林中搜索當年的日本將軍、日本參謀、日本秘書。更沒聽說過美國將一個已經入籍美國四十年的公民引渡到中國受審，因爲他曾經在南京大屠殺的日軍營中擔任廚師，或者守倉庫的管理員。我想問的，倒也不在於這奇怪的雙重標準，不在於人們對這雙重標準的視而不見。

最令我不安的，毋寧是一個哲學上的問題：人，究竟可以爲他自己的行爲負責到哪一個程度？

一個劊子手的責任，在看準了頭頸的分寸，一刀霍下，讓鮮血噴起，人頭落地。被殺的人究竟有罪或者冤枉，不是劊子手的事情。甚至於即使他明明知道眼前跪著的人其實無辜，也沒有人會指責劊子手爲凶手。我們可以說，劊子手只是奉命行事，做一天和尚當然就得撞一天鐘。應該負責的，是判官；或者，是那個不健全的審判制度；再抽象一點，我們不妨這麼說，錯在那個封建的社會。

一個政府發言人的責任，在對準了輿論界，將早已作好決定的政府立場轉達給民眾。而作成決定的政府是否在撒謊、欺騙，不是發言人的責任。甚至於即使他分明知道由自己嘴裡講出來的話是謊言，有悖他自己的良知判斷，也不會有人指責發言人爲欺騙者。他只是執行任務罷了。應該負責的，是那個存心欺騙的政府；或者說，是那個無法防禦欺騙的、不完美的政府制度。

要渺小的個人負起責任是不公平的，個人只是「制度」這巨大機器中一個看都看不見的螺絲釘，機器在製造殺人的武器還是救人的工具，不是螺絲釘的責任。

可是，也有人認爲人有充分的自主權，作不作螺絲釘都是自由意志的選擇。既然是自由選擇，個人就必須爲他所作的選擇擔負後果。劊子手若明知冤命，而又不捨刀他去，那麼他就成爲凶手之一，因爲他默許冤死的存在；而默許，就是促成。發言人如果明知自己在傳播謊言，而不掛冠求去，那麼他就成爲有罪的欺騙者，因爲他容忍謊言；而容忍，就是製造。

雷根爲了打擊格達費，編造了一些假的新聞，由白宮發言人對世界宣布。謊言揭穿之後，國務卿的助理發言人 Bernard Kalb 面對滿室新聞記者，當場辭職。「當工作與良知相牴觸時，」六十四歲的 Kalb 說，「我只能選擇其中之一。」

選擇了良知的發言人，顯然拒絕作一枚隨著機器運轉的螺絲釘。相信能代表十九世紀美國浪漫思想的梭羅，對渺小的個人有著更高的要求。一八四六年，美國與墨西哥打仗，當一個美國士兵把刺刀戳進墨西哥士兵胸膛的時候，他很可以說：對不起了，但我只是奉命行事；是我的政府貪圖你的土地，挑起戰爭，造成你的枉死，但殺你實在不是我個人的責任。

梭羅沒有任何政治力量來對抗政府已作的決定，但是，他顯然覺得個人對一場不講公理的戰爭有負責的必要，他選擇了拒絕繳稅，表示拒絕作一枚被動的螺絲釘。對一個揮舞著刀、衝進墨西哥領土的美國士兵，梭羅等於在說：世界上沒有「奉命行事」這回事。當工作任務與個人良知衝突的時候，你或者選擇良知，即刻辭職退伍，後果也許是餓死；或者接受命令執行任務，那麼你就是個兇手，沒有自欺的餘地。不管選擇是什麼，責任都在於個人。

當然，天眞而浪漫的梭羅說，如果每個人都有高度自覺，拒絕作個不負責任的螺絲釘，那麼那場不講公理的仗也就打不成了。巨大的悲劇之所以發生，都只因爲個人沒有認淸人的自主權，隨波逐流，而流至不可控制的災難。

沒有任何人能以「奉命行事」作爲無罪的藉口，因爲人唯一所該奉的「命」是自己的良知。

猶太人天羅地網，萬里尋仇的狂熱行爲就可以有兩種解釋：一是「以牙還牙，以眼還眼」的實踐；第二，就是猶太人也深信人可以，而且必須完全爲自己的行爲負責。實際策劃消滅猶太人的將領固然要血債血還，只是執行命令的軍官也難逃其咎：受雇於納粹的秘書、技工、管理員，更是幫凶。二十來歲的老麥，沒受過太多教育，作爲一個管理員，他每天的雜務之一，或許就是打開煤氣開關，一板一眼把上司交代下來的工作做好。你可以說他是個奉公守法、克監職守的工人。可是，他打開煤氣的那個小工作，達成的效果是一屋子慘死的老弱婦孺；換句話說，老麥是個奉公守法的劊子手。猶太人在四十年後要制裁他，等於是制裁他缺乏自覺，不曾作一個拒絕奉命的小子。上了賊船，為什麼不跳海離開？不跳海，就是賊。

「不跳海，就是賊」的賞罰原則對人有高度的道德要求。首先，它要求一個人上了「賊船」要認得出這是艘「賊船」；也就是說，人要有「眾人皆醉我獨醒」的洞悉是非眞僞的智慧；其次，它要求人有「跳船」的勇氣。認清賊船之後，即使不能英勇的把掌舵的暗殺了，或者放火燒船起義，至少要拒絕同流合污，毅然決然的跳船。

經過兩次大戰的現代人，其實一直在努力的維持清醒。他一次又一次的受到操縱與矇騙，一次又一次被帶到毀滅邊緣。所以，已經有人開始睜開眼睛檢視船行的方向。西方的反核戰運動就是一種自覺運動，一向被動的人反過來希望主動的決定自己的未來，不讓所謂「領導人」或狂熱的群眾牽著鼻子走。臺灣近年來開始蓬勃的民主運動與反污染熱潮，也代表一種覺醒與反抗，人試圖塑造自己的命運，如果缺少這種覺醒與反抗，人恐怕早就在自己的愚昧中滅頂了。

然而，洞悉是非眞僞的智慧，獨善其身的果敢——究竟多少圓顱方趾的人有這兩樣條件？明辨眞僞往往不只是智慧的問題；一個智慧極高的人可能生長在一個極權制度中，資訊受到封鎖，教育受到歪曲與控制，神話、謊言作爲洗腦的材料，從生到死他根本沒有洞悉眞僞的機會。透過統一編製的教科書、控制嚴格的報紙與電視、宣傳標語、威嚇利誘的手段，一個政府可以塑造人民的思想，像搓泥人一樣，玩於股掌之間。在中國文革的狂熱中，在德國希特勒的民族主義熱浪中，在日本軍國主義的大趨勢中，人人都是泥人，你要泥人怎麼樣跳出塑泥的大手掌去辨別客觀的眞僞呢？確實有些人，在舉國歡呼：「嗨，希特勒」的時候，清楚的冷眼洞悉隱藏在愛國狂熱背後的危機，目擊是非價值的顚倒，棄德國而去。這些人，畢竟是少數中的少數。大多數的人，即使動了疑心，也沒有能力作獨立的判斷。一個當過紅衛兵的人告訴我：「當時我們衝進教室把老師拖出來打得鼻青眼腫，逼他下跪，我心裡覺得好像有點不對，可是大家都這麼做，一副理所當然的樣子，所以我也定了心，放心的去打。」人云亦云是人的常態，自我覺醒、反抗潮流，是人對自己較高的道德期許，一種理想的追求。

我想，老麥的逮捕之所以令我不安，是因爲我發覺猶太人其實把覺醒與反抗這種高度的道德期許，當作審判人之有罪或無罪的基本條件。有誰經得起這樣的審判呢？譬如說，仁民愛物是一種道德理想，我們希望每個人都能努力以赴，可是，你不能因爲一個人做不到仁民愛物的標準而判他十年徒刑；仁民愛物是一個道德的上限，必須當他碰到下限——譬如殺人

——的時候，你才能懲罰他。誤上了賊船的人，我們希望他有所覺醒，在「工作與良知」之間毅然有所抉擇，跳海也在所不惜，但這又是一個道德的期許，不是判罪的標準。把上限的道德期許拿來作爲判罪懲處的下限標準，豈不失之太苛乎？人，沒有那麼乾淨吧？

今天，如果發生了核子大戰，五十年後，萬一有人要追究責任，那麼今日受雇於核廠的守衛該不該判刑呢？現在正在讀核子研究所，即將成爲工程師的學生該不該判刑呢？在國防部處理文書的打字小姐該不該受審呢？負責修護核廠的工人該不該受審呢？明明知道核戰的危機卻不曾參加過反核運動的我，該不該被逮捕呢？如果答案都是肯定的，那世上沒有無罪的人；如果答案是否定的，那麼爲什麼年近七十歲的老麥要面對審判？

德國人對猶太人的殘酷暴行不應該只是猶太人的事，就好像日本人對中國人的殘虐不能夠只是中國人的事，也好像中國人對西藏人的迫害不僅只是西藏人的事。「地球村」裡的人要依賴彼此的正義感來綿延生命。我們教導下一代，也期勉這一代，要時時覺醒暴力的存在，訴諸良知；但是在人普遍的做到這一步之前（或許他永遠做不到），懲罰做不到的少數人，這是不公正的報仇行爲。經歷過二次大戰那樣悲慘的教訓，人所學到的不該只是報仇而已吧?!

我問一個德國大學教師：「德國人對獵捕納粹的事沒有討論嗎？沒有意見嗎？」

他沉吟了一下，說：「老一代的，心裡覺得罪孽深重，在猶太人面前抬不起頭來，所以沉默。年輕一代的，漸漸開始想反抗這種沉默的罪惡感，他們覺得那個時候還沒出生，爲什麼我要覺得有罪？但是，還是沒有什麼公開的討論，再過幾年大概會有一種新的檢討跟反應吧?!」

懷著罪惡感與羞恥心的德國人，把他們犯罪的痕跡像博物館一樣保存起來。在有名的集中營「大壕」(Dachau)裡，鐵絲網、煤氣房、監牢，猙獰的立著，一如恐怖的往昔。德軍用赤裸裸的猶太人作實驗品的照片，一張張爲人的獸性作見證，德國人是希望不要忘記自己的醜陋而重蹈覆轍。對血淋淋的歷史，西方人的口號是：可以原諒，不可以遺忘。猶太人不只沒有遺忘，似乎也無心原諒。

中國人呢？

思想欄杆

耶魯大學換了校長。新校長在就職演說中對政府提出警告：執政者不能夠把自己看作民眾的思想保母，認爲民眾是嬰兒，需要思想的餵哺、灌輸。校園中思想的自由獨立尤其不可以侵犯……

在一個自詡爲民主自由堡壘的國度裡，它的知識分子爲什麼還有必要說這樣的話？

在耶魯校長演講的同時，一個叫瑪格麗特・蘭道的女作家正在與美國政府打官司。原來是美國籍的蘭道放棄美國國籍，變成墨西哥公民，美國政府要將她驅逐出境。檢察官的起訴書指控蘭道「說謊」：蘭道的文章說卡斯楚是個「英明」的領袖，說南美的共黨是「英雄」……這些言論與美國總統對局勢的解釋相反。總統的說法是「事實」，與「事實」相反的言論就是混淆視聽的謊言……

顯然美國的言論自由也是圍了欄杆的自由，欄杆所圈的範圍或許比許多國家大一點，但是思想的欄杆還是存在，保護圈裡的嬰兒，怕他爬出來。耶魯校長顯然不怎麼喜歡這些欄杆。以法令來控制言論還算是有形的柵欄：看得見，所以有人為它打官司，有大學校長加以批判。無形的柵欄卻在靜悄悄中進行潛移默化的任務。看 *USA TODAY* 的一段新聞報導：

「全球猶太組織將奧地利總統華德翰與納粹殺害猶太人有關的新證據交給大法官米斯，並且附言：『公諸世界——美國不歡迎納粹！』

「猶太組織所蒐得的文件中，有些是納粹傳單，上面有華德翰的簽名：傳單一例：把猶太人幹了，過來吧！

「華德翰的發言人說，這些指控沒有根據，因為華德翰當年地位不足以簽署文件。……

「即使法務部把華德翰列入納粹名單而不許他入境，他仍舊可以利用他的外交身分進入美國。

「華德翰承認他曾經是納粹情報人員，但否認與戰時暴行有關連。

「猶太人卻已蒐集許多文件顯示華德翰與幾千個希臘及南斯拉夫猶太人的被殺有關。」

前任聯合國秘書長的華德翰是否當年真的與納粹暴行有關，只有天知道。幾個月前當他競選奧國總統時，猶太人囂聲指控，說他不夠資格當總統，卻使奧國老百姓噁心之餘，反而支持華德翰。這一篇應該是不偏不倚的新聞報導，卻隱藏著強烈的偏倚。一開頭，就出現了「證據」這個字眼；指控的一方說是證據，就算證據了嗎？記者顯然完全採用了控方的論點。一個沒有偏差的用字應該是「資料」，不是「證據」。

這篇報導的重點，也有些特意的安排。華德翰的反駁只有極小的一段，猶太人的指控卻以比較渲染刺激的文字來表現；「把猶太人幹了！」是很搶眼的句子。

最後，文章中也不自覺的流露了美國人的「上國」心態；即使對方貴為奧地利一國之首，進入美國仍舊是一種恩賜。基本上，文章的結論是：我們想剝奪他來美國的權利，作為懲罰；可是這傢伙有辦法，還是鑽得進來。

一個渺小的個人的文字，一旦成為鉛印，就罩上了一層「權威」的外衣，以新聞為媒體，就更加上了「客觀」的金冠。幾百萬人讀這篇報導，幾百萬人中有多少人會注意意識形態的誘導而有所警惕？

你見過養豬的人如何把幾十隻肥豬引導到同一個出口嗎？只要用欄杆圍出一條長長的窄路，連到出口，豬就會一隻一隻排隊走向你要牠走的地方。無形的思想欄杆，也是如此。

醜陋的美國人

在昨晚的奧地利電視上，瘦削的華德翰總統感情激動的說：「我的良心是清白的；美國的決定使我覺得不可理解，也很難過。」

令華德翰「難過」的，是美國政府已經決定正式將他列入「黑名單」，不許他以個人身分進入美國領土；這份「黑名單」上總共大約有四萬個名字，包括罪犯、共產黨、傳染病患等等。一九七九年以前，有些從前的納粹隱名埋姓的在美國定居下來，成爲公民。一九七九年，在猶太勢力強大的紐約有議員提議將過去的納粹也列入黑名單的範圍。提議通過之後，不少已經在美國住了三、四十年的公民被搜捕出來，解送以色列當戰犯審判。

兩年前，猶太組織開始蒐集華德翰的資料，指控他是當年謀殺猶太人的幫凶，要求美國政府將他列入黑名單。美國司法部終於在這兩天正式宣布華德翰有「罪嫌」，不准進入美國。消息公布之後，美國新聞界，包括《紐約時報》及《華盛頓郵報》，發出一片讚美的聲音，宣稱美國再度向世界證明了它是個道德的巨人。

西方人四十年來對納粹的圍捕牽涉到人對「罪與罰」的道德觀，其中的難題與矛盾我在〈可以原諒，不可以遺忘〉一文中觸及。華德翰事件所暴露無疑的，是美國朝野那分「我來審判你」的狂妄自大，與「大魚吃小魚」的醜陋現實。

首先看看小國奧地利的屈辱。美國人說華德翰有「嫌疑」，曾經榮任聯合國秘書長的華德翰，身為一國總統，忙不迭的就趕快蒐集自己的各種資料寄往美國，努力的向美國人證明自己的清白無辜；美國人是法官，他是嫌疑犯，而結果呢？美國人說，華德翰所呈交的資料不足以證明他無罪，因此判他「有罪」，昭告於全世界，而這位奧國總統至今唯一的回擊，是激動的說：我是清白的，我很難過，我不了解是怎麼回事！

如果指控華德翰的不是美國，而是和奧地利一樣只有幾百萬人的小國尼泊爾呢？大概誰也不會理睬。美國知道自己權大勢大，一點都不心虛的扮演著判官的角色，而被審判的又恰巧是國際政治舞臺上沒有什麼分量的奧國。如果不是華德翰，而換了柴契爾夫人或西德的科爾總理，美國敢那麼跋扈嗎？

華德翰究竟有沒有罪，當然是整個問題的核心，可是自命為法官的美國自始自終不曾斬釘截鐵的說他有罪。司法部長米斯強調:「我們並未說他有罪,只是說他有『嫌疑』。」「罪」與「嫌疑」之間差距何止千里?更奇怪的是,司法部決定將華德翰列入黑名單,理由是華德翰所提反證不足以表示他的淸白。在美國一般的法令中,判決一個人有罪的先決條件是指控者提出被告犯罪的確實證據,而不是相反的要求被告提出證據來證明自己淸白。也就是說,在司法部能提出斬釘截鐵的罪狀之前,華德翰必須以淸白視之。這個一貫的尊重人權的原則在這個案件中卻受到令人難解的漠視。

美國報紙社論一片稱頌之聲,讚美美國的高度道德精神。《華盛頓郵報》說:「有人指稱華德翰事件只不過再度顯示美國猶太政治勢力之龐大,對華德翰的指控其實是沒有理由的。我們希望外人對美國的了解不僅於此。美國的道德立場經常有人說是毫無理由的,譬如智利、韓國、蘇聯等……在華德翰事件中,雷根政府其實發揚光大了美國最美好的傳統精神。」(轉載於《國際先鋒論壇報》,四月二十九日)

社論作者的意思可以用一句話翻譯:「我們美國人的道德標準之高是許多國家無法了解的。」以智利、韓國、蘇聯爲例來表示美國道德的高超,作者所流露的自滿自戀情緒令人驚異,對雷根的讚美更不是時候;任何有點頭腦的人都要問:那麼美國對伊朗的軍售與對尼加拉瓜的干涉又算哪門子道德立場呢？

自認道德上高人一等的自滿與自大，付諸行動就是所謂的「替天行道」了。雷根之所以會把偷雞摸狗弄來的錢拿去送給反政府的尼加拉瓜游擊隊，也無非是這種壟斷道德的自滿感在引導。尼加拉瓜政府傾左，所以是「壞人」；美國的責任在「捍衛世界民主和平」，所以要打擊「壞人」，所以要用軍火去支持游擊隊顚覆尼國政府。這是一個「高超」的「道德立場」，他在「替天行道」，因爲是替「天」行道，所以雷根執意漠視國會通過不准援尼的法令，也漠視尼國游擊隊用美國的槍屠殺婦女及嬰兒的酷行。他讚美尼國游擊隊「道德高超，和美國的立國先賢一樣」。道德，好像是美國人獨家擁有的私產。當其他國家起紛爭時，占有道德的美國就覺得自己有仲裁的權利，爲他人決定誰有道德、誰沒有道德，雷根顯然認爲美國人比尼國人更清楚尼加拉瓜需要什麼樣的政府。

與華德翰事件的同時，一個誰也不知道的小人物在美國受捕，警察七手八腳的把嘶喊、掙扎的利那斯架上飛機，送往蘇聯去接受死刑。利那斯在美國住了幾十年，蘇聯的法庭認爲在二次大戰他曾是集中營的軍官，判了他死刑，美國因此剝奪了利那斯的居美權利，遞解出境。

事件本身並不稀奇，七九以來，美國司法部已經處置了許多有納粹記錄的人。值得注意的又是新聞界的反應。反對解送利那斯的人說，蘇聯的法律不比美國的法律，後者尊重人權。把利那斯送到蘇聯去「正法」等於肯定蘇聯的法律。贊同遞解利那斯的人說，哈，美國再度表現了它的道德感，又除掉了一名納粹！《紐約時報》的社論強調美國是「解救全世界，使之倖免於法西斯主義」的國家，遞解利那斯是美國道德勇氣的象徵。

仔細分析一下，反對者的理由，是美國法律站在道德、人權的一邊，蘇聯法律則相反。贊成者的理由，是美國人站在正義、衛道的一邊，拯救全世界。不論反對或贊成，歸根究柢，都同樣一個意識：美國是道德的天平、正義的化身。

美國人一向把自己看作對抗法西斯主義的英雄；矛盾的是，如果他那種自以爲獨霸眞理、壟斷道德的驕滿發展過度，美國不過是另一種形式的法西斯罷了。

德國，在歷史的網中

四月中旬，以色列總統何索到西德訪問。自以色列立國以來，這是第一次。何索站在廣大的墓園中，眼前是青草如茵。四十二年前，他站在同樣的地方，面對著屍身未乾的猶太同胞，橫七豎八的扔在土坑裡。四十二年後，立在德國總統 Weizsäcker 的身旁，他沉重的對著墓碑說：

「以以色列之名，我再度發誓：我們絕對不會遺忘你們。」

雖然何索一直稱西德爲以色列的「密友」，兩國的經濟關係也相當密切，猶太人沒有絲毫讓「死者已矣」的意思，更別提對德國人的原諒。雷根總統到西德 Bitburg 墓園去獻花，受到猶太人激烈的抨擊，因爲在同一個墓園裡葬著幾個德國納粹士兵。二次大戰間血腥腥的罪行，對猶太人而言，不是一個會讓時間湮滅的歷史，而是傳家之寶，戒愼恐懼的，一代一代要傳下去，深深刻在每一個猶太人的皮膚上。

四十幾年來，德國人又怎麼面對自己血腥的過去呢？

「我的父親是納粹黨黨員，」艾瑞卡回憶著，「但是他從來不談那段歷史。在餐桌上，話題一碰到被屠殺的猶太人，他就走開，或者完全沉默。」

艾瑞卡今年五十歲，家鄉在來比錫，卻在瑞士住了二十年，是蘇黎世市立圖書館的工作人員。

「因為他逃避這個題目，所以到他死我都不知道究竟他覺得自己有沒有罪；猶太人整體被屠殺的故事他當時是否知道？我也不清楚。」

「我想我父親是知道的！」開書店的烏拉說：「雖然他也向來不說過去。」

烏拉是個相當典型的德國「綠人」：反核、反戰、反污染；支持女權運動、消費者運動、東西德的溝通。「避免戰爭發生只有一個辦法，」她強調著，「就是我們先把武器放下，如果每個人都拒絕當兵的話，這世界根本不會有戰爭。」

有一天，就在她這樣高談闊論的時候，烏拉的父親突然激動的問她：「妳知道拒絕當兵的後果嗎？」

驚愕的烏拉聽著父親談起過去：「那些不願意接受命令的就被拖到樹林裡去槍斃了，你懂嗎？你敢違抗規定嗎？」

「那是在父親去世之前不久。他顯得很難過，我大概刺痛了他本來保護得好好的心；可是，我也因此得知，父親顯然並不是無辜的，他顯然當時就知道納粹在屠害猶太人，只是他沒有勇氣反抗……」

今年五十五歲的斯杜克是西德 Springer 通訊社的資深記者。四〇年代，他是個驕傲的「小納粹」，穿著制服，踏著正步高唱愛國歌曲，滿腦子「救德國」的理想。只是個十歲的孩子，與童伴玩的遊戲卻是軍事部署，如何打敗敵國。德國投降，夥伴們一把鼻涕、一把眼淚的，把撿來的槍枝彈藥偷偷埋在樹林裡，傷心的發誓，「將來要重建祖國！」

「納粹的眞面目，歷史的眞象，我們過了好幾年才開始了解。」斯杜克抽著煙，看著煙圈慢慢的擴散，深思著說：

「我認為德國人罪孽很深，不可原諒。」

「可是四十年過去了；你要一個民族背負罪孽背到哪一年呢？難道德國人要永遠活在罪惡感裡，一代又一代？」反問的是湯瑪斯，三十來歲的經濟學博士。他與斯杜克對德國的歷史承擔有完全相左的看法，充分的表現出代溝來。戰後才出生的湯瑪斯問一個許多年輕人開始問的問題：

「事情發生的時候，我還沒有出生，為什麼要求我去繼續懺悔贖罪？更何況，納粹的罪行其實也並非那麼舉世無雙的。俄國人的古拉格島、中國人的文化大革命、中南半島的種族迫害，都是一樣的血腥——」

「不對，不對！」斯杜克用譴責的眼光瞪著年輕的湯瑪斯，火辣辣的說：「你所舉的例子都是零星的、散漫者、沒有計畫的殺人與迫害。跟納粹不能比，希特勒那種有理論基礎、計畫嚴密、講究效率的消滅整個種族的作法，絕對是史無前例的，比任何別的例子都要殘酷……」

斯杜克猛搖頭，重重的說：「罪不可赦，罪不可赦！」

斯杜克與湯瑪斯所爭執的正是八〇年代德國知識分子所關注的焦點：德國往哪裡去？罪惡感的包袱能不能卸下？

德國人不是個逃避現實的民族。從十二年的納粹惡夢中醒過來之後，知識分子無時無刻不在進行對歷史的搜尋、檢討、批判。身歷浩劫的人（不只是猶太人，德國老百姓本身其實也是戰爭的「受害者」），譬如艾瑞卡與烏拉的父親，固然對惡夢避之不談，知識分子卻以刮骨療傷的態度面對醜惡的歷史。幾十年來，西德的報紙與雜誌隨時隨地都有關於納粹的文章：希特勒的起落，迫害的遠因、近因、方法、後果，猶太犧牲者的個案，德國的民族性，道德問題等等。政府的努力也不落後：Adenauer 總統給猶太人發補償金；布朗德在華沙的猶太紀念碑前謙卑的下跪；從前的集中營變成博物館，把德國的罪行赤裸裸的公諸於世。

把自己的醜處暴露出來當然不是件容易的事，需要極大的誠意與勇氣。戰後日本對中國人的態度，相形之下就顯得虛弱，而在臺灣的中華民國政府對中國近代史的遮遮掩掩（譬如對二二八事件的躲閃），都是不敢正視歷史、不敢面對自己的表現。

經過四十年不斷的反省自責，八〇年代的德國開始有了不同的聲音。去年一整年中，西德最受尊重的先進派刊物 *Die Zeit*（《週報》）刊載了廣受矚目的德國歷史學者之間的爭論。主題就是：在希特勒帝國已經消失了四十五年之後，德國是否仍舊應該繼續活在那十二年納粹的陰影中？柏林的 Nolte 教授認爲德國人沒有必要把自己看作一個史無前例的大怪獸，俄國人的古拉格與納粹的集中營是一樣的暴行。西德具領袖地位的歷史學家 Habermas 立刻提出嚴厲的反駁，指責諾特爲德國人洗罪，意圖重建德國人的團結心與愛國心；這兩種「心」是像希特勒那樣的集權者鼓吹的口號，「一朝被蛇咬」的今日德國的對這兩種「心」非常的戒愼恐懼。

兩篇文章引起一場筆仗。贊成 Nolte 的，強調德國在納粹之前已有綿長的歷史與成就，不必被那短暫的十二年的包袱壓死。贊成 Habermas 的，認爲把包袱挪開，就有重蹈覆轍的危險。

這場辯論並不只是象牙塔中一群禿了頭的學者之間的腦力遊戲，因爲他們所爭辯的題目正是每一個德國知識分子所思考的問題，與當前政治也有著緊密的關聯。Habermas 等人認爲把納粹罪行與史達林的俄國等量齊觀來減輕德國人的罪惡感，從而重建德國人的國家觀念，等於把歷史送給科爾這樣的執政者去鞏固他的權力。

科爾一再的強調他是西德第一位戰後出生的「新生代」總理——因此他與納粹的過去，和年輕的湯瑪斯一樣，是沒有直接關係的。他固然也不時提醒德國人要記取教訓，但他顯然希望從陰影中走出來。相對於當年布朗德對猶太人的亡魂下跪，今日的科爾在德國陣亡的士兵墓前獻花。

在國際舞臺上，一度摧毀倒地的德國現在又成爲眾人矚目的主角之一。在民族自信心緩緩療傷復元的過程之中，德國人對自己的處境與未來方向保持高度的敏感；尤其夾在蘇聯與美國的對峙之間，它似乎試圖找出一條自主的、屬於德國的路來。要找出這麼一條路來，德國人必須先弄清楚「我究竟是什麼」的核心問題。科爾對歷史的「新」態度或許可以給許多「新生代」的德國人一個「新」的自我認識，這，就成爲他的政治資本。

Habermas等歷史學家發出警告的目的也在於此：歷史，不可以成爲政治的工具，即使一點點也不可以。

新的眼睛

電話中的瑞士記者問：「臺灣是不是美國的一部分？」

我以爲他在說一個不好笑的笑話，可是他繼續說：

「我是說，臺灣是不是屬美國托管，也是個英語國？」

不，他不是在說笑話，也無意諷刺，他只是不知道，單純的無知而已。

在歐洲住了一年之後回到臺灣，注意到許多變化。打開電視，赫然是「世界新聞報導」，也是一年前沒有的。我坐下來，帶點期盼的心情：剛剛從「世界」那邊來，現在從這海角一隅反觀那個「世界」，不同的距離，不同的角度，不同的眼光，或許也因而帶來不同的啓發。

螢幕上出現看慣了的臉孔：雷根、戈巴契夫、教皇……。播報的是清脆悅耳的女聲，講著流利純熟的美國英語。我驚愕的站了起來：眞的，一句中國話都沒有。整個片子就是美國電視的直接播放，只是在畫面上加了兩行簡短的中文翻譯，讓聽不懂英語的中國人自己去讀。

英語新聞之後才有國語新聞，大約有六、七則消息，每一則都以「據美國……」三個字開頭。美國的醫生發現喝礦泉水的人越來越多；美國人認爲敎皇不應該到某個國家去訪問；美國今年有重回迷你裝的趨勢；美國記者到非洲葉門採訪，發現那兒有嚴重的吸毒問題……

這就是「世界報導」。

一起看新聞的朋友看見我驚愕的樣子，覺得很可笑，說：「什麼大驚小怪！看這節目的人多著哪，可以練習聽英語呀！」

難道那個瑞士記者並不是單純的無知！難道他眞的在說一個不好笑的笑話？

華盛頓打一個輕微的噴嚏，臺北就要感冒好幾天，這是政治現實。紐約的成衣女工叫罵兩聲，臺灣的針織工廠老闆要緊張許久，這是經濟現實。政治現實與經濟現實使臺灣不得不成爲美國的衛星，整個社會的一對眼睛固定對著美國的方向，凝注美國的土地。這是現實。

這雙眼睛很少轉向其他地方，而且，由於長久固定的注視，眼睛的顏色起了變化，由黑褐逐漸轉爲淡藍。英語的電視新聞在淸淸楚楚的宣告一件事實：臺灣，在用美國人的眼睛觀看世界。

美國電視記者眼中的葉門是落後骯髒的，那兒的人民是懶惰愚蠢的，政府是無能腐敗的，這是由美國人的生活條件、政治制度爲基點而下的結論。中國有不同於美國的生活條件及制度，中國人眼中的葉門不一定是落後、愚蠢、骯髒的。葉門人口中嚼食草葉，吸取輕微麻醉的樂趣，在美國人眼中可以是一種墮落；對於懂得檳榔滋味的中國人，卻應該是惺惺相惜。觀點不同，結論自異。把美國人的世界觀錄到臺灣來放，中國人的眼睛到哪裡去了？

美國的大報極受猶太勢力影響，對以色列有特殊的關切，奥地利總統華德翰被美國猶太組織指控爲納粹幫兇，在眞相尚未澄清之前，美國政府已經下令禁止華氏入境。美國各大報紙競相報導，字裡行間側重「華氏有罪」的暗示，加深「嫌疑」的色彩。臺灣的媒體也報導奥國新聞，把美國報紙的文字、暗示、偏頗、態度，一成不變的翻譯過來，也就是說，用美國人的觀點報導奥國人的事情。中國人的歷史沒有猶太與納粹的糾結，中國的報紙也沒有猶太人或反猶者的勢力操縱，爲什麼對華氏事件不能作不偏不倚的報導？中國人的立場在哪裡？

長久的依賴美國、仰視美國，使臺灣的一對眼睛調整成美國的弧度、角度、色彩，甚至連近視、散光的度數都一樣。可是，眞實的世界並不是狄斯奈樂園：莫斯科不見得是個想毀滅人類的惡魔，華盛頓不一定是個破解魔法的英俊王子，伊朗人不見得都瘋了，黛安娜也不是白雪公主，歐洲共同市場並不是由七個小矮人組成。這個世界究竟是什麼樣的，臺灣必須用自己的眼睛睜大了去看。

然而眞不容易。使我們眼睛變形變色的，還不止於美國的巨大陰影；長久以來，我們有自己綁上去的蒙眼布。

中國人怎麼看西藏？

中國有五大族嘛，漢滿蒙回藏，都是同胞，相親相愛。西藏，是中國的一部分；西藏人，是中國人，和漢人一樣，效忠領袖，熱愛國家。每一個中國孩子都在學校裡聽老師這樣說。

可是西藏人自己不這麼說，更不這麼看。他們有他們自己的眼睛。他們說，中國人是中國人，西藏人是西藏人。三十萬軍隊長駐西藏，就是侵略占領。五萬西藏人的拉薩城裡住進了十二萬漢人，就是有計畫的滅種。他們哀告：既然中國人不喜歡蒙古人及滿人「入主」中國，爲什麼中國人要入主西藏？

這是「世界」的另外一面，非常眞實的一面，但是，臺灣的眼睛看得到嗎？

不，看不到，因爲有些人自己不願意看，所以也不讓別人看見。用歷史教科書作蒙眼布，讓臺灣的眼睛只看到牆上自己巨大的投影。

中國人又怎麼看蒙古？

啊！蒙古，同胞嘛！他們本來是野蠻的遊牧民族，用武力制伏了中國之後，反而被中國文化制伏，接受了文明。現在，內蒙古屬於中國；外蒙古，也屬於中國。只是中國暫時不屬於我們。蒙古人民共和國，我們是不承認的，你看看中華民國地圖就知道。

我知道，有一期英文《讀者文摘》是以中國地圖爲封面的，標出一個健跑者跑遍中國的路線。那一期並沒有遭到沒收的惡運，主事者只是在每一本進口的《讀者文摘》封面上蓋一個橡皮章：「此中國地圖有錯誤；外蒙古當屬中國版圖內。」

蒙古人也這麼看嗎？他們的眼睛弧度、焦距，和中國人的一樣嗎？

臺灣在貧困的時候，政治經濟依賴美國，造成文化上的依賴。知識分子接受美國的思維訓練，雜誌刊物吸收英文傳達的資訊，電視轉播美國的電臺，報紙引用美國的消息來源。管道不一樣，輸進臺灣的思想內容卻是一致的：美國的觀點。但是，八〇年代的臺灣是一個相當富裕的國家，它有充足的能力去培養英語以外的人才，電視臺與報紙有足夠的金錢成立自己的新聞網，訓練自己的駐外記者。臺灣沒有理由再繼續扮演嬰兒的角色，吸吮美國的思想奶水。

一九八八年之後的臺灣，也沒有理由繼續容忍蒙眼布的存在。戒嚴法解除了，政黨政治開始成形，民主開始落實，社會裡應該沒有不可辯論的題目，沒有不可挑戰的勢力——這是追求眞象、眞理的基礎。韓國的六十幾位電視新聞工作人員敢靜坐示威，抗議執政黨壟斷新聞、操縱媒體；臺灣的電視新聞公正嗎？我們的電視新聞工作人員有沒有韓國同業的擇善固執呢？如果蒙眼布只是打薄了，並不摘除，臺灣的眼睛能看到什麼？

我不喜歡那個瑞士記者的笑話，更懊惱的是，他所說的其實又並不是一個笑話。臺灣已經從貧窮進入富裕，但要從依賴變得成熟，它需要用自己的清明兩眼逼視現實世界，自己的角度，自己的光線，自己的眼睛。

泰國來的？

來歐洲之前，就聽說了歐洲人如何看重服裝儀容的整潔規矩：顏色要求協調，布料講究品質。對美國人的隨便、邋遢，歐洲人是嗤之以鼻的。

我早就打定了主意：以前怎麼穿，現在還是怎麼穿，運動鞋又輕又軟又舒服，可以使我健步如飛。牛仔褲又粗又耐髒，可以使我坐立自如。帶著一個一歲多的小孩，牛仔褲上有點番茄汁、水彩、墨水、泥土，還有孩子的鼻涕。

孩子蹲在沙堆裡玩，我就坐在草地上看書。一旁的瑞士人問我：

「您是泰國人嗎？」

我看他一眼，那麼天眞和善的藍眼睛！可是我知道他爲什麼猜我是泰國人。翻開報紙的小廣告，到處都是亞洲女郎的小照片：「美麗溫柔泰國女子，與你作伴，永不變心……」每星期都有滿座的七四七班機，載著歐洲的男人直達曼谷，成千上萬的亞洲女人等著送上自己的肉體，換取金錢。許多女人隨著尋歡的機會來到了德國與瑞士。

「您是泰國人嗎？」不管走到哪兒，碰到的都是這句話，和藹的態度、禮貌的聲調，所掩藏的是他對我的評價：或許又是一個賣春的亞洲女人，不過身邊跟著一個孩子，大概從良了。

「不是，我是臺灣來的中國人。」

「哦，」他思索一下，尋找對臺灣女人的印象，「那您是個護士嗎？」

我的地位升了幾級。七〇年代，有許多臺灣與韓國的護士來德、瑞工作，繼而定居。

「不，我在大學裡教書。」

「哦，」他懷疑的應了一聲，低頭看看我糊著番茄汁、水彩、墨水、鼻涕，帶一點香蕉味的牛仔褲。

我站起來，走到沙堆去和孩子玩。

不，我沒有必要對這個長著藍眼睛的人解釋：我不是一個從良的妓女，在這個現實的社會裡，我是所謂的「博士」、「教授」、「作家」，一般人以爲很了不起的頭銜。我也沒辦法開導他：嘿，木頭，亞洲也有不賣春的年輕女子。開導了他一個，還有千千百百個其他藍眼睛、天眞和善的人要問一樣的問題。我哪有那個工夫。

許多人會說，這是歐洲人的種族歧視，我應該生氣的。

我不認爲這是種族歧視。一個對亞洲毫無認識的瑞士人，當他所遇見的一百個亞洲人都是泰國人時，他猜測那第一百零一個也是個「泰國人」，只是很簡單的推論。當他所遇見、聽見的一百個亞洲婦女中，有六十個是妓女，那麼他猜測第一百零一個也是妓女，不見得表示他有歧視，只是「以此類推」罷了。

「以此類推」的假設，不只限於自覺優越的歐洲人。中國人也一樣。對於臺灣人而言，任何西方人都是「美國人」——歐洲人可不願意被看作美國人，加拿大人更不情願。在中國商家的眼中，西方人也是有錢人，價錢要推高一點。兼家教賺取生活費的窮學生就苦不堪言。中國人也常說西方人缺乏貞節觀念，見一個愛一個，始亂終棄，所以中國的父母不願意子女與外國人結婚，儘管對方也許是個比許多中國人還要保守的猶太人或是天主教徒。中國人也常鄙視西方人沒有家庭倫常，卻不知道家庭對一個義大利人或西班牙人比什麼都重要。

所以一個口快的中國人很可能問一個陌生的西方人：「你是美國人？很有錢？離過很多次婚？父母在養老院？來看你還得付房租？」而事實上，他可能是瑞士深山裡養牛的農夫，過著勤儉的生活，與父母妻子同住一張屋頂下，認爲離婚、墮胎都是違逆人倫的大罪。

把我當作泰國來的妓女或臺灣來的護士，並不是種族歧視，而是以偏概全。以偏概全是人的通性。現在到香港及臺灣幫傭的菲律賓婦女相當多；一位菲律賓女教授走在街上都有中國人問：「你是不是在找工作？我們需要一個傭人……」

「好可愛！」老婦人停下腳來，微笑的看著孩子用胖胖的小手堆沙。孩子轉過臉來，給她一個微笑，露出稀稀疏疏的細小牙齒。

「來，給你買玩具！」她打開皮包，掏出五法郎的大銅板，放在小手裡。

我趕忙笑說：「不要不要，會把孩子寵壞了。」

老婦人的樣子非常典型；染成金黃色的頭髮，枯燥得像燒過的草原，雖然梳得整齊。浮腫蒼白的臉表示她有病，粗糙的大手表示她工作吃力。她很可能又是一個死了丈夫，沒有兒女的孤單老婦，依靠微薄的養老金生活（我是否也在以偏概全呢？）五塊法郎並不是太小的數目。

可是她很堅持。讓孩子收下之後，她很滿足的蹣跚離去。

接二連三的有陌生的瑞士人把錢給我「好可愛」的小孩；我突然領悟了過來：這一回，我不是泰國的妓女，不是臺灣的護士，恐怕是越南的難民了。

越南赤化之後，瑞士收容了近九千名的中南半島難民——大部分是中國人。然而八〇年代以來，錫蘭的難民開始湧入，使瑞士人興起了前所未有的恐慌，排外、憎外的情緒漸漸傳播開來。政府開始立法阻擋難民的滲入，主張「人道精神第一」的聲音漸漸變小。但是顯然這是個令瑞士人非常爲難的道德問題，瑞士的傳播媒體上每天都有關於難民的報導與討論。

老婦人顯然是動了慈悲心腸，給我們這對「難民」母子幾塊錢，買點難得的玩具給孩子玩。

對以後的老婦人，我該怎麼做呢？拒絕她的贈予，對她說：「老太太，謝謝您的好意，不過，我們不是難民；您以偏概全了。」這樣說，我大概表現了我的尊嚴，同時給她「機會教育」上了一課。但是，我是不是傷害了一個人性中很高貴的品質——同情心？尤其在排外情緒逐漸滋長的國度裡，而瑞士又眞有那麼多難民，他們不正需要老婦人那樣的同情者來支持他們嗎？會不會因爲我的拒絕，這些難民失去了一個支持者？

我還可以以另外一個理由拒絕她，對她說：「你之所以給孩子錢，表現你的同情心，只不過使你覺得站在給予的地位，自己因此高人一等。同情心只不過是優越感的掩飾罷了，你用五塊錢來買優越感的滿足！」

這樣說，也許顯出我對人性的透視，但是破壞更大；如果對於一個最簡單的同情的動作，都賦以最卑鄙、最低下的動機，人類的道德架構就整個垮了。

那麼，我是不是應該輕輕鬆鬆的讓「可愛」的孩子接下錢，輕輕鬆鬆的對老婦人說：「別讓他下次碰到你；他會要十塊」呢？這麼說，老婦人快快樂樂的走了。她下回碰到眞正的難民，還會笑瞇瞇的又掏出幾塊錢來給小寶寶；全民投票的時候，她或許會投幫助難民的票。四千多個錫蘭的難民之所以尙未被瑞士政府強押出境，就是因爲許多婦女的反對。

可是，收了她的錢，豈不加深了她對亞洲人「以偏概全」的刻板印象？她豈不更加認定了亞洲人都是需要同情、需要幫助的「弱者」？我如何給她「機會敎育」，改變她對亞洲人的刻板印象呢？

一個聰明的辦法是換掉我邋遢的牛仔褲，穿昂貴優雅的衣裙，舉止莊重，表情嚴肅，使任何人一望就有敬畏的感覺，就不會有人問「泰國來的」？或者施捨錢了。

但是我有一個一歲半的小夥伴，他的番茄汁、水彩、墨水、香蕉皮、泥，以及一手的鼻涕，都需要有個地方去。我不能不穿這條牛仔褲，也不能不盤腿坐在沙堆裡。

瑞士人

市長

一上車，就看見他在大聲的和司機說話。

大概有六十多歲了吧？他一頭銀髮，梳得光潔照人。眼睛陷在鬆皺的皮膚裡，老是淌著水，像生病的狗。他很瘦弱，一腳跛著，走路一蹬一蹬的。上下車時，總是大聲的與人問好，還要守在車門，指揮別人的上下，吆喝一兩聲。

他突然哈哈大笑起來。瑞士人慣於安靜，又何況這是個陰沉寒冷的冬晨，每個人都帶點微慍的表情縮在大衣的領子裡。只有他，比手劃腳、興高采烈的在講述一件事情，有時候，笑得嗆了，得捧著肚子、前仰後合的笑著。

下了車，他站在路邊，進行閱兵。川流不息的人群從他身邊流過，婦女買菜的籃子碰著他的大衣，他很莊重而優雅的行舉手禮，熱情的致意：

「孩子們，晨安！」

他說他是蘇黎世的市長。

銀行小職員

火車站裡有個小小的銀行，我去把馬克換成瑞士法郎。

坐在櫃臺裡的中年男人正在數錢，手敏捷的翻轉著鈔票，嘴迅速的念著數目，用瑞語念，和德語稍微有點出入。

把錢交給瑞士顧客，下面一個紅頭髮的女人拿著一疊西班牙鈔票，以西班牙語要求換錢。職員微笑著取過錢，用西班牙語和顧客交談、數錢，歡迎她再來。

下一個顧客講義大利語，拿了一疊里拉。職員像唱歌一樣，嘀哩嗐啦說著流利的義語，用義語數著鈔票，一十二十三十四十……

輪到我了，他頓了一會兒，等著我先開腔，以便決定他該用哪一種語言應對。我說了德語，他如釋重負的，用標準德語開始數鈔票。

轉身離去時，聽見他正愉快的以英語問候下一名顧客「早安」。……

外籍勞工

在票亭邊，突然有人碰我的手肘。是個一看就知道是個工人的男子，在寒天裡只穿著單薄的夾克，顯得人更畏縮。他對我說了些什麼，口音很濁。

我下意識的退開一步，戒備的望著他憔悴的瘦臉：是個外籍勞工，他想向我要什麼？

他伸著粗大的手掌，掌心中有幾個錢幣。漸漸的，我聽懂了他破碎的德語：「錢，買票，怎麼丟？」

我拾起他掌心中的錢幣，分門別類的丟進機器裡，車票「卡」一聲蹦了出來。

他鞠了個躬，很謙和的道謝，離去。

我想著自己早先對他的猜疑與戒心，心裡很不舒服。

漢學家

勝雅里是瑞士少數幾個懂滿漢的專家之一。他是個法律博士，也是德國大學的中文博士。

我想向他請教一些有關瑞士文學與語言的問題。一年前打電話給他，問他幾時有空，可以碰個面，電話那頭傳來他慢條斯理的聲音：

「碰面很好。等我學期結束之後，我就有時間了。應該在三月吧！」

打電話的時候是十月，距離三月還有半年！這瑞士人是怎麼回事？

最喜歡取笑瑞士人的一個朋友為了釋謎，告訴我一個瑞士人的故事：

有一對住在山裡的瑞士夫婦生了個兒子，健康活潑，就是沉默寡言，到了四足歲還不曾說過一個字。

父母等呀等的，開始有點焦急了。有一天早上，作媽媽的給兒子倒了杯牛奶，兒子呷了一口，撇了嘴說：「這奶酸。」

媽媽大吃一驚，手裡的盤子摔破在地上。她奔過去抱著兒子，滿面喜悅的淚水，說：

「孩子，你原來會說話呀！為什麼這些年來竟不說話呢？」

兒子大不以為然的回答：「到今早為止，牛奶都還可以嘛！」

朋友說：「這個故事的教訓是：瑞士人是極遲鈍的，要以絕對耐心對待。」

過了半年，勝雅里和我約定在「遲遲咖啡屋」會面。

這個小小的咖啡屋大概總共只有五張桌子，前門觀後門。特別選這個小地方，爲的是方便勝雅里認出我來：自然應該由他來認出我，既然我是突出的少數民族。

我準十點到達，坐下，左邊坐著兩個女人，右邊坐著一個高大的金髮男人，各人喝著各人的咖啡。五分鐘過去了，十分鐘過去了，十五分鐘眼看要過去了，隔座的男人突然禮貌的說：「請問您是不是——」

啊！我當然就是！在東方人極少極少的蘇黎世城裡，在約好的時間十點整，在約好的地方「遲遲咖啡屋」，會同時有兩個東方女子踏進門來嗎？那是何等微小的機率。您居然等了十五分鐘才相認？

我們肩並肩的靜坐了十五分鐘！

愉快的談了一個小時之後，我說：

「幾時您應該到我們家來吃個晚飯——」

話沒說完我就後悔了，果不其然，瑞士先生慢條斯理的打開記事本子，慢慢的說：

「讓我瞧瞧——對，明年七月的時候我應該可以吃晚飯……」

七月，那個時候，地球是否還運轉著、太陽是否仍舊由東邊昇起，我都不能確定呢！

我由衷的羨慕起篤定的瑞士人來。

什麼也不曾發生

離終站還早，電車裡的人突然紛紛起身，陸陸續續全走空了。我一邊下車，一邊問身旁的人發生了什麼事。

瑞士是個難得「發生什麼事」的地方。該送信的時刻，郵差就到了門口。秒針走到了某一點，該進站的火車就進站了。日正當中，所有雜貨店的店員都在鎖門，準備去吃午餐。任何時候往街頭一站，瀏覽一下蘇黎世的街景，看見的是電車平靜的滑行、行人耐心的等待紅燈轉綠、汽車耐心的等待行人過街，還有，河裡的白天鵝排列整齊的遊過橋孔。

看街景的人會覺得無聊；街上沒有打架的人，即使有人打架，也不會有看熱鬧的人群，沒有一個教養良好的瑞士人會低級到停下腳來看別人打架。街上也難得聽尖銳刺耳的緊急煞車聲，更不會有憤怒的駕駛推門而出，揮著拳頭破口大罵。偶爾碰到堵塞，瑞士人在車裡冷靜的等著，不會有人開始按喇叭。

若有人按了喇叭，那大概是個法國人，要不然就是義大利人。反正不會是瑞士人。

蘇黎世的街景是很沉悶的。

電車緩慢的倒車離去。被擱淺的人們安靜的站在路邊。有的人在瀏覽櫥窗裡模特兒身上的貂皮大衣。修飾整齊的老婦人對我說：「前面出車禍了，汽車撞上電車，鐵道不通了。」我開始焦急起來：等警車與吊車抵達現場，拖開肇事車輛，鐵路局重新調度通車，恐怕天都要黑了！我想起紐約的經驗：車廂塞得滿滿的，陌生人帶著汗味的肉體緊緊壓迫，令人想別過頭去吸一口新鮮空氣，可是火車堵在漆黑的地下道中，不進不退。污濁的地下空氣像煙霧一樣蒙著人的鼻眼。等上一個小時，還沒有人知道究竟發生了什麼事。鐵路局也不覺得有解釋的必要，更別提道歉了。

在往臺北的莒光號上，曾經眼看著濃煙從車窗邊昇起——火車失火了，從車輪燒起。乘客驚慌失措的跳上小站月臺，月臺上正傾盆大雨。小小的雨棚遮不了上百的乘客，我們在黑夜的雨中濕淋淋的等著，等一小時以後的下一班車。

這一回，要等多久呢？五分鐘已經過了吧，正想看看手錶，卻瞥見一輛藍色的公車從轉角處緩緩開來，優雅的停在我們面前：是一輛空車，車門打開，制服筆挺的駕駛闊步下來，向大家道歉，然後念出這輛臨時車將停的站名，「下一班臨時調度車將在五分鐘後抵達。」乘客安靜的順序上車，安靜的坐下，公車平穩的往前滑去。

從下車到上車，不過八分鐘的時間。車子經過車禍現場時，吊車正把肇事車前輪懸起，電車司機拿著一塊抹布，正在擦拭玻璃車窗。周圍，沒有看熱鬧的人。

只遲到了八分鐘！我應該滿心感謝，大大鬆一口氣，然後覺得：在蘇黎世，畢竟什麼都不會發生。但是，我卻覺得震驚，震驚中還有點不寒而慄——把「效率」發揮到如此極致的人，是怎麼樣的一群人。

效率，其實只是瑞士人（或許該說德語瑞士人，因為法語與義語瑞士人的個性中難免有拉丁民族的散漫不羈）事事講究「完美」的結果之一罷了。瑞士生活的悠閒就像浮游波上的野鴨，寫意自在，唯一的痕跡就是水上一縷漪漣。細看才會發覺水裡的鴨腳划動得費力，尤其當逆水的時候。在瑞士人閒適的生活背後，有一個巨大的、複雜的、一點都不閒適的機器在費力的運轉著，其中每一個螺絲都拴得很緊。

愛山的人來到瑞士的阿爾卑斯山。雪封的懸崖峭壁，如何去欣賞呢？從機場，你可以投幾枚硬幣在售票機裡，車票咕嚕滾出來。搭上快捷火車，十分鐘內就到了市中心。從市中心又有舒適寬大的火車將你送到山腳下。上山，爬山專用的齒輪列車依著傾斜六十度的山勢將你帶到山頭。從這個山村到那個山村，中間隔著巍峨大山，你的火車就穿過長達十七公里的隧道。如果你是開車的人，你可以坐在車裡不動，把車開上火車，火車拖著你的車與人從山這頭到了幾十里外山的那頭。從這個三千公尺的雪峰到那個更高的冰山，你可以搭那懸在空中來去飄盪的纜車，在逐漸稀薄的高山空氣中，從這峰到那峰，一直到你身在長年不化的冰雪中，雲霧繞著腳下的山頭。在這樣的窮山絕嶺上，卻有個餐廳，它會慢慢的無聲的旋轉，讓你悠閒的縱觀四周的雪山。餐廳的廁所很乾淨，而且，每個廁所裡都有充分的衛生紙、淨手的香皂、乾手的吹風機。

到雲霧之外去看雪山，是件詩情畫意的事。但是，在享受得起這詩情畫意之前，瑞士人必須先作許多許多一點也不詩情畫意的準備：六十度的山坡如何由齒輪車來克服，凌空纜車如何製造，安全如何控制，火車的線路如何密布山區，山頂上的餐廳如何建構……。我可以想見千百個工程師與工人在作一板一眼的工作。工程設計之外，還得考慮維護的問題、品管的問題、安全檢查的問題。硬體的設備之外，還有人必須作軟體的考慮：什麼樣的車道不會給山裡帶來空氣汚染？什麼格調的餐廳不致破壞山的美感？

一定是先有千千百百個人在做一板一眼、一絲不苟的事情，細心固執連半截螺絲釘上的紋路都不甘願放過；然後才可能有所謂悠閒的瑞士生活，包括到雲霧之外去觀雪山。一定是先有那麼多分毫必爭、錙銖必較的人在管理交通、組織金融、計畫教育、督導政治，然後才可能產生這麼一個沒有意外、沒有悲劇也缺乏鬧劇的安靜社會。許多其他國家習以爲常的新聞：火車互撞，百人喪生；軍人政變，總理被殺；學生遊行，警方開槍射殺；包商偷工減料，大廈倒塌……這類新聞，難得在瑞士出現，因爲冷靜的瑞士人講究一絲不苟的完美。

可是這種一絲不苟的民族性，連瑞士人的隔鄰堂兄弟——一絲不苟的德國人，都忍不住要嘲諷幾句（當然，德國人與德語瑞人向來都是白眼相對，互揭瘡疤的。在第三者看來，卻像五十步笑一百步）。一個在蘇黎世住了二十年的德國人很不屑的說：

「我才不作瑞士人！到今天我還用德國護照，你知道爲什麼嗎？」

我搖搖頭，忍不住要笑：這簡直就像刺猬在指責玫瑰多刺！

「在你申請入瑞士籍的期間，警察會來你家突擊檢查清潔，用手指摸摸書架背面有沒有灰塵，看看床底下有沒有髒襪子。還要到左右鄰居處去作身家調查，問別人你的起居習慣如何：燈關得晚不晚、請客時是否大聲喧嘩、關門時是否碰然作響、陽臺上曬不曬衣服、衣服會不會落得滿地、玻璃窗乾不乾淨、一家大小進出時服裝整不整齊、態度端不端莊、是否與人打招呼等等……要經過這種調查，看你合不合瑞士人的尺寸，你才能得到瑞士護照。」

德國朋友「哼」了一聲，下個結論：「簡直侮辱人！」

這位朋友大概不知道，其實瑞士人不是唯一這樣「一絲不苟」的人。在紐約郊區最昂貴的住宅區裡，連垃圾袋的顏色鄰居都要求統一，否則，他們說，早上放到街道上去，「不好看！」

電車上的人目光與我的接觸，忙不迭的說：「Grütsi 您好！」下車時，有人不小心碰到我的衣袖，她忙不迭說：「對不起！」在我要轉進巷子時，身後往前直走的人忙說：「晚安，再見！」走到家門口，看見自己的腳踏車斜靠著牆，那根支柱已經壞了三個月了，腳踏車必須倚牆而立。陽臺上的天竺葵死了一棵。抬眼看看，所有的陽臺都綴滿了怒放的、鮮紅的花，我的陽臺是唯一夾著一株死了的天竺葵的。拿鑰匙啓門時，在紅色的門板上赫然發現一個小小的手掌印，巧克力糖的顏色——我們家，有一個不到兩歲的國民。

我想，我也是作不了瑞士人的：尺寸不合。

人道難爲

四月五日，瑞士全民投票表決政府是否應設法阻擋太多的難民湧入瑞士。百分之六十五的人投贊成票，反對者卻大聲指責瑞士違背了立國的人道精神。

一九五六年，匈牙利爆發革命，成千上萬的匈牙利人逃亡國外，瑞士收留了一萬六千人。一九五九年，中國解放軍鎮壓西藏，數千名藏胞隨著達賴喇嘛流離他鄉，瑞士收留了一千七百名藏人。一九六八年，捷克發生動亂，瑞士接納了一萬四千名逃難的捷克人。一九七五年，越南淪陷，上萬的難民——大多是中國人，漂流海上。美國只收年輕力壯、具生產力的難民，瑞士卻特別容納孤寡殘障，歡迎近九千名難民到瑞士定居。

一九八六年，來自非洲 Zaire 的穆兀瑞在瑞士要求政治庇護，被政府拒絕，他的瑞士鄰居，共十個人，與穆兀瑞一起絕食抗議，要求政府改變主意。

以紅十字組織馳名世界的瑞士，一向以自己的人道主義為榮。多年來不斷的接納難民，比較貧困的鄰國百姓又不斷的滲透進來打工賺錢，今天的瑞士已經有百分之十五的人口是外國人，也就是說，在六百萬的瑞士人中，每六人就有一個是外國人。在蘇黎世坐一趟電車，隨時可以聽見各國的語言。

瑞士是個極小的國家，又極度缺乏自然資源，整個國家的財富主要依賴觀光、精密工業，以及銀行業，換句話說，大多是腦力的經營。眼看著外國人越來越多，瑞士人心裡的不安全感也越來越深。這種想保護自己的不安全感與傳統中的人道主義形成一個兩難的矛盾。這個矛盾就在執法中表現出來。一九八〇年以來，有五千名來自錫蘭的 Tamil 申請庇護。六年以來，政府只處理了將近兩千五百個案子，而眞正獲得政治庇護的，不到一百人。

去年夏天，國會通過了一個新的難民法案，給予政府權力在必要時阻止任何難民進入瑞士國境，同時把考核難民身分的職權下放給地方政府。這個法案立即引起社會的注意。反對人士很快的訴諸行動。在瑞士，任何政府的決定人民都有否決權。短短的幾個月中，反對人士收集了六千個簽名，要求對新法案由全民投票表決。

四月五日是投票日。投票前，掌管難民部門的官員預測說：「可能會是五十五對四十五之比，贊成限制外人入境。」結果卻出乎意料：百分之六十五以上的人肯定新法案，而且投票率是百分之四十二，比一般要高，顯示瑞士人對「外人入侵」這個問題有高度的關切。

這樣一面倒的投票結果，明白的表現了瑞士人對外人不歡迎的態度，這種態度當然其來有自。

一方面，瑞士人覺得外國難民坐享其成是不公平的。「我們的政府，用納稅人的錢，轉助難民，供吃供住不說，還加零用金」，一個投贊成票的蘇黎世人說：「但是瑞士自己的窮人——瑞士不是沒有窮人，住在山裡養牛的那些農人，生活很淸苦的。他們辛辛苦苦從早做到晚就賺那麼一點點錢，跑來瑞士的難民不必工作就有我們的政府養他們——這當然不公平。」

當瑞士人發覺來自錫蘭的難民把瑞士發給的福利金寄回錫蘭給親人時，這種「不公平」感就更深了。「用我們辛苦賺來的血汗錢，養他一村子的親戚？」一個花店闆板很不高興的說。

文化差異也往往造成衝突。一個去投票的家庭主婦抱怨著說：「你看我們樓下的南斯拉夫人，一家人到半夜十二點還嘩啦嘩啦的製造噪音，小孩子蹦來蹦去，他們燒的菜也有個奇怪的味道，有時候從早上八點就開始燒菜，好幾個小時整棟公寓氣味瀰漫，窗子關了都擋不住那個奇怪的氣味。」

有潔癖、愛安靜、中規中矩的瑞士人如何與愛熱鬧、講人情、散漫不羈的南歐人和平相處?文化的差距造成溝通的困難，缺乏溝通了解，憎惡猜忌油然而生。國會之所以在此時制定新法案，也無非是看準了瑞士百姓的排外情緒，投選民所好而制。

然而反對的聲浪卻也很大。瑞士四大黨之一的社會民主黨、天主教及基督教組織、慈善機構，以及國際人權組織等等，一直在設法抵制新法令的通過。甚至有一個瑞士人組成的地下組織，取名「庇護所」，冒著犯法的危險專門收容即將被驅逐出境的難民。這些組織指責瑞士人違反了人道精神，「自私」、「排外」。他們指出，瑞士人排外表面上是經濟理由，骨子裡其實是對有色人種的歧視。早期的難民之所以獲得收容，是因爲他們大部分來自南歐，仍屬白種人。現在湧進的乃是亞洲人及非洲人，膚色較深，所以受到排斥。一些專欄評論者認爲今年四月五日的反難民投票結果，與去年瑞士人全民投票反對瑞士加入聯合國有相同的涵意：瑞士人有自我中心、自我封閉的心態。

這些主張寬容難民的組織，雖然顯然只占少數，卻也能發揮相當大的影響力。四千多錫蘭難民就是由於這些組織的堅持而得以躲避了被遞解出境的命運，暫時留在瑞士境內。加入違法的「庇護所」組織的老百姓高達九千餘人。與穆兀瑞一起絕食抗議的瑞士人戲劇性的代表了與瑞士「恐外」心理相反的聲音。

●

瑞士所面臨的是一個沒有標準答案的兩難。一八五九年，當歐洲、美洲、亞洲仍舊在進行人與人之間的屠殺時，小小的瑞士已經組織了紅十字會，超越種族、超越國籍、超越文化的，救濟全世界受難的人——只要他是「人」，而且在難中，都是援助的對象。這麼一個崇高的理想，並且付諸實際行動，使瑞士的國旗（紅底，白十字：是紅十字會旗的反映）成為人道精神的象徵。許多瑞士人因此堅持對難民敞開大門。然而，現實是冷酷的。一九七〇年代，每年大約有一千名難民進入瑞士，在一九八六年，這個數目變成八千五百四十六人。而今年，平均每個月就有一千人申請庇護。兩萬一千多個案件仍舊在等待之中。湧入的第三世界難民之中，有的確實受到政治迫害，一旦遞解回國，馬上有生命危險。有的，卻只是受貧苦所驅，希望在瑞士謀取較好的物質條件。眞正的政治難民與只是「找頭路」的難民如何區分？而小如麻雀的瑞士又如何能吸收一天比一天多的難民？

主管難民事務的官員嘆息著說：「我們解決不了第三世界的問題！」人道精神？還是自我庇護？在第三世界是生死存亡的問題，在瑞士，卻是個道義問題，後者，並不比前者簡單。

貓川幼兒園

一場細細的春雨，把隔宿的雪都溶掉了，空氣裡透著薰薰的早春氣息。在幼兒園門口，三個大人牽著六個小孩，一人牽兩個，手握得緊緊的，正從院子裡出來。

「我們去散步。」三歲的小女孩很興奮的搶著說，臉頰紅通通的。

●

這個坐落於蘇黎世北區「貓川」的幼兒園，是棟三層樓高的古典歐洲建築，四十年前就由當地的教會提供作幼兒園。四十個孩子分成三組，兩個月大到兩歲為一組，兩歲到三歲為一組，三歲到六歲為一組，分別占三個樓次。年齡較大，活動量較大的一群，當然放在底層，往院子裡衝的時候不需要下樓來，吵到別的幼兒。

「名單上雖然有四十個孩子，事實上每天只有三十個孩子同時在，因為有些孩子不是每天來的。」安琪說。她是「園長」，一個二十八歲、成熟、美麗的女性。

「我們有十二位幼教人員在照顧這三十個孩子，平均起來一人帶二・五個孩子。而事實上的分配是，嬰兒組（〇—二歲）比較需要照顧，所以有三個大人陪著四個小孩，而兒童組（三—六歲）就有三個人帶十五個孩子。」

這些幼教人員全是年輕的女性。在瑞士的學制裡，初中畢業之後，必須先實習兩年才能進幼教學校。兩年的實習中，她必須在婦產科裡照顧初生嬰兒，或者在有幼兒的家庭裡打工，或者在幼兒園裡實地工作學習。有了兩年的實際經驗之後，而且年滿十八歲，她才可以開始就讀幼教學校，而所謂「就讀」，也不是中國人觀念中的成天的上課聽講作筆記考試等等，而是一星期四天的「實驗」——在與學校建教合作的幼兒園裡工作；一天上課，研讀幼兒心理及護理等等。兩年之後畢業，就成為正式的幼教人員。

瑞士最受尊崇的教育家卑斯塔婁契(Pestalozzi 1746-1827)的口號是：「頭腦、心靈、手」，他的理論奠定了今日瑞士的教育方向。從他們幼教人員的訓練中看得出來，瑞士人對動「手」——實際經驗——的重視絕對不亞於他們對理論知識的吸收。事實上，讀十本有關幼兒的書是不是比得上與一個幼兒實地的朝夕相處呢？

「這些幼教人員都有基本的醫學常識，會量體溫、看臉色等等。」安琪一面說，一面接過一個孩子，開始爲他換尿布。孩子「哇」一聲哭了，她遞過去一個鈴鐺讓孩子抓著玩。

每個星期一，特約醫師會到園裡來，樓上樓下走一遭，看看有沒有孩子發燒、咳嗽。平時，醫師與急診醫院的號碼就列在電話旁邊，以便隨時連絡。每一層樓都有一個小小的醫療箱，裝著碘酒、紅藥水、紗布。

「孩子眞生病的時候，」安琪說：「我們就請父母留他在家，要不然，他會傳染給其他的孩子。」

角落裡突然傳來一陣笑聲。一歲半金髮的姬若雙手環擁著一歲的華安，很親熱的接吻起來，兩個孩子顯然第一次發現這種好玩遊戲，旁邊的大人又樂得不可開支，姬若吻得很起勁。

「你們的經濟情況怎麼樣？」

「每年都不夠！」安琪搖搖頭。

蘇黎世政府每年補助十七萬法郎克（約三百萬元臺幣），孩子的父母也要繳錢：在這裡，瑞士的社會主義精神表露無遺。蘇黎世政府給幼兒園一個收費標準，薪水收入越低的家庭，繳費越低。月入不足兩千法郎克（約臺幣三萬餘元，在瑞士算是很艱苦了。）的家庭，送孩子到幼兒園的費用是一個月一百二十法郎克，而月入超過四千者，每月收費六百四十法郎克，是前者的五倍。貧富間的距離就由這些小措施來拉近。

「有這兩筆收入，我們還是入不敷出。」

「那怎麼辦呢？」

「節省呀！譬如說，我們這兒有一個廚師，給孩子們作飯吃，有一個洗衣婦來洗衣服、消毒尿布；但是沒有清潔工。全樓上下都是幼教人員和我每天自己擦洗、整理。假日裡，我們也烤些蘋果餅，作些手工藝，在市集日賣出，賺點錢補貼。」

「你們對自己的薪水滿意嗎？」

「以前很低，所以大家工作士氣也低。」安琪手裡在編籃子，華安抱著一隻花花綠綠毛茸茸的大鳥隨著音樂在笨拙的旋轉。我看得分了心，沒聽見安琪說什麼。

「我說，」她重複著：「我們現在對薪水很滿意了。我是年資最深的，每月有三千五百法郎克，初進來的幼教人員起薪是兩千四。」

「這個工資相對於你的付出，你覺得公平嗎？」我問她。我知道一個女秘書的月薪大約也是三千五百左右。

她點點頭，說：「我們每年還有四到五個星期的休假，不錯了。」

「男人可不可以當幼教人員？」

「可以是可以，幼教學校有少數男生，但是，」她思索了一下，「他們都不會變成幼教人員。」

「爲什麼？」

「對男人而言，一個月兩三千塊根本不能養家，所以他們必須再進修，成爲管理級人才，賺高一點的薪水。」

「那麼，安琪，你能不能告訴我，在瑞士，有哪一種『男人』的工作是起薪兩千四的？」

安琪側著頭想了半天，一旁陪孩子畫畫的安妮也幫著想，半晌，兩個人都搖搖頭：

「沒有這麼低薪的男人工作——只有不懂德語的外國人可能拿這種薪水。」

瑞士，比西德更甚，是「外國人」嚮往的家園。瑞士人本身不太願意做的粗工，對於來自義大利、南斯拉夫、西班牙、土耳其的人卻是賺錢養家的美好機會，六百萬瑞士居民中有一百多萬是外國人，比例相當高。

但是幼教人員薪資低還反映了瑞士重男輕女的傳統價值觀。到目前爲止，男女同工不同酬仍舊是個普遍的現象，尤其在工廠中。一方面，雇主認爲男人氣力大，作粗工總是應該多得一點報酬；另一方面，男人仍是一家之主，必須負擔家計，撫養一家大小，所以薪資應該比女人高。

「換句話說，」我問安琪：「當雇主付給你兩千四的月薪時，他就已經算好這是一筆付給『女人』的、不足以養家的錢，算定你既然是個女人，就必然有個男人可以依靠，這個男人會賺足夠的錢來養你，是不是這樣的呢？」

「對，可以這麼說。」

「那麼，這個制度豈不是在先天上就認定了女人是男人的依賴者？」

「沒錯，不公平也在這裡，」安妮抱著姬若過來說話：「譬如我的姊姊，離婚了，自己撫養兩個小孩。在工廠裡作工的薪資，就比作同樣工作的男人一個月少個五百塊，事實上她不但沒有男人可以依靠，兩個孩子還要依靠她……」

●

安妮把孩子放下時，我注意到她圓滿的肚子。

「生產之後，還繼續工作嗎？」我問她。

「不了！母親是孩子最好的照顧，我出來工作，孩子就失去了最完美的成長環境，我就對不起他。」

「所以你不願自己的孩子上幼兒園？」

安妮搖搖頭，安琪也說：「再好的幼兒園也趕不上自己母親的腳邊。在這裡，我非常希望爲孩子們製造『家』的氣氛，譬如說，建立一對一的關係，摟著一個孩子在角落裡好好陪他看一本書、講一個故事、教他唱一支歌。可是做不到，因爲別的孩子會跑過來拉你、搶你——越是身爲幼教人員，越是深刻的體會，母親是不可取代的。」

貓川幼兒園的工作人員全是二十歲出頭的年輕女性。她們對自己的未來非常的清楚：工作三、五年之後，與一個心愛的人結婚，生一個心愛的孩子，然後辭去工作，一心一意的扶持丈夫、照顧孩子。蘇黎世街頭到處都是年輕的母親推著兒車曬太陽的鏡頭。

「孩子稍大一點之後，如果想再回頭工作，還會有機會嗎？」

「機會不大。」安琪已經編完一個籃子，被華安用肥肥的小手撈了過去。

從此成爲「家庭主婦」，她們似乎也不覺得有什麼可惜。「一個家庭，需要一個專職的母親。」就這麼簡單！流行時尙所講究的，是個人才智的登峰造極，是以個人理想爲終點的追求。貓川這幾位幼教人員卻似乎一點都不受流行時尙影響——家庭，仍舊是女人的義務，也是她特有的權利。

●

「政府機構管不管你們？」

「管？」安琪似乎不太能理解這個辭的意思。

「我是說，監管幼兒園的品質。在美國，有些私立的養老院，老人在裡頭餓死了好久都沒有人知道。在瑞士，這樣的事情可不可能發生？幼兒園的品質由什麼來控制？」

「蘇黎世市政府大概每三、四年來看一次賬目，並不管品質。基本上，沒有什麼監管的機構。可是你說的美國的例子在這裡不太可能發生。首先幼兒園就不是一個營利的地方，其次，孩子們若受到虐待，父母們馬上會有反應。再其次，不是對孩子們特別有愛心的人，根本就不會成爲幼教人員。這是個良心、愛心的工作——好像不需要什麼外在的監管嘛！我們明明知道，孩子數目越少，他所得到的照顧越周全，我們就不多收人，品質自然就維持了。」

一個大人帶兩個半孩子，貓川幼兒園就一直維持著這個比例，而維持這個比例還不是件容易的事情，因為要求把孩子送來的父母多得不得了。大概十個孩子中，貓川只能收一個。那麼這選中的一個是憑什麼標準呢？

「第一優先給單身的媽媽——沒結婚的，守了寡，或者離了婚的。這樣的女性受迫於環境，不得不出去工作賺錢，我們就為她照顧孩子。

「第二優先是給外國人——不懂德語的外國人，或者異國通婚、母親不講德語的家庭，我們就收，希望給孩子一個學習德語的環境，免得他將來進幼稚園或小學，不懂德語，會受別的孩子的排擠，成為受欺負的第二代。

「至於純瑞士家庭、有父有母的，我們就少收了。在那樣的家庭裡，通常母親『應該』撫養孩子，如果母親堅持要外出工作，他們就只好另外請專人帶孩子了。」

下午六點，姬若的母親鐵青著臉一陣風似的捲了進來。上了一天班，又趕著來接孩子，她顯得勞累而緊張。

「我根本沒結婚，」她一面幫姬若穿大衣、繫鞋帶，一面說，「安東尼沒等姬若出生就走了，現在他所負的責任就是每月五十法郎克，剛好夠我買一張火車月票。還好有貓川幼兒園，要不然，姬若和我只好靠救濟金生活了。」

姬若快樂的摟著媽媽的脖子，搖著小手跟每個人說再見。

「孩子雖小，敏感得很，」安琪等她們走了才說，「你別看姬若還不到兩歲，她卻很知道她來這裡的原因和華安不一樣。華安輕鬆的來，華安媽媽還和他玩幾分鐘之後才離開，他來這裡是爲了有其他小朋友跟他一塊玩，可以學講德語，下午媽媽來接他回去，天氣好的時候，早早就接走，到外面去玩。姬若知道她是非來不可，因爲媽媽要出去賺錢養她，她不來這裡，媽媽就不能賺錢，事態嚴重。所以小姬若就不那麼輕鬆愉快……」

●

一個五歲大的男孩，長了一臉雀斑，探進頭來問：

「丹尼有沒有來這裡？」

這該是幼稚園大班的孩子了。我想起臺灣的幼稚園競爭著教孩子英語、算術等等「才藝」的事情。問安琪他們的幼稚園「教」些什麼？

「我們的孩子沒那麼『早熟』。一個三歲多的孩子，我們大概教他怎麼樣自己穿衣服。四、五歲的教他怎麼樣繫鞋帶。基本上，幼兒園是因材施教的。如果安德烈的手指運作特別笨拙，我們就跟他玩玩具做的穿針引線的遊戲，讓他練習手指操作。漢斯如果特別躁氣，蹦來蹦去一分鐘都坐不住，幼教人員大概就陪他坐下來描一張畫，讓他定定心。

「有一個中國女孩，聽說是上海來的，不會一句德語。我們一方面跟她多說話，一方面教她玩幾種瑞士小孩最喜歡玩的遊戲；她只要會了這幾種遊戲，就可以馬上和其他小孩玩在一塊兒，不至於因語言而覺得孤立。她才來一個多月，現在已經和別的孩子玩得很好了。

「每一個孩子都有不同的個性、不同的特點；幼教人員看準了他的特點而去親近他、啓發他。幼稚園是一個『玩』的地方，不是『教』的地方，就是啓發，也要從『玩』中得來。」

●

貓川幼兒園在瑞士德語區是個相當典型的幼稚園，它有設備、有專業人員、有品質，最重要的，整個幼兒園的運作有工作人員的愛心與責任感爲基礎。當然，幼兒園也反映出一些問題：幼教人員的待遇偏低（雖然她們沒有怨尤），以及婦女在就業與家庭之間的抉擇等等。

反觀臺灣的幼兒教育，單看一項報導——百分之九十的臺北市幼兒園都不合格——就令人憂心不已。瑞士的孩子們得到的是什麼樣的照顧？臺灣的孩子們呢？瑞士大部分的婦女仍舊留在家中作母親——餵母奶、帶孩子到草原上翻滾、教孩子唱歌。少數的孩子上幼兒園，也有受過專門訓練的保母看護。臺灣的婦女，尤其年輕的一代，大多放棄了母親的專職——不餵母奶，孩子交給保母。而所謂保母，多半只是一個有時間的婦人，絲毫沒有對幼兒教養的專業知識，愛心更不可知。

臺灣的年輕、受高等教育的婦女爲了工作而忽略母職當然是一個殘酷而迫不得已的抉擇。如果社會能夠建立起母假制度，讓職業婦女休假一年去照顧幼兒，或者容許她在孩子四、五歲之後重新進入工作的市場，她就不需要把孩子交給不稱職的保母，苦苦的抓住不敢放手的工作。

如果臺灣的社會做不到「給我們的孩子他自己的母親」，那麼它至少也應該「給我們的孩子一個好的保母」，一個好的幼兒園：有安全的設備、家的氣氛、專業的保母、啓發性的、快樂、活潑的環境。在我們高談什麼同步輻射器、中文電腦、光復大陸、世界大同之前，是不是應該先照顧好我們家中那個有胖胖的小手的孩子？

慈善的武器工廠

「美國背棄了我！」剛剛逃離越南的何威在蘇黎世機場面對著群集的瑞士記者，很激動的說：「我爲美國公司服務了二十年，現在，美國卻因爲我有一個智障的兒子而拒絕收容我。這個兒子是被一個在他耳邊炸開的炮彈嚇壞的，他是戰爭的犧牲者，美國卻要背棄他，我控訴……」

這是一九七九年，越南難民還在一波一波往外逃命的時候。瑞士這個小國收留了幾千名難民，而且特別接納老弱婦孺殘障等等大國所希望淘汰的「品種」。

八年來，那個被炮彈嚇壞的孩子逐漸長大，卻仍舊是個不能自己穿衣進食的智障人。撫養他的是瑞士的社會福利制度，免費供給他吃住的生活環境、照料起居的護士、啓智的特別教師、學習的教育材料。支持這個福利制度的，當然是六百萬納稅的瑞士人。

許多人或許不知道瑞士的國旗形貌，不知道紅十字標幟的人卻可能很少。瑞士的國旗，紅底白十字，相對照的顏色令人聯想紅十字的象徵意義：人道精神。瑞士，是一個以人道精神自許的國家。

它確實也是的。看看數字吧！瑞士對第三世界貧弱國家的各種外援高達國家總收入的百分之二・三五（一九八一年）。相對之下，比瑞士強大不知幾倍的美國只支出百分之〇・九，西德支出百分之一・〇九，英國百分之一・五九，法國百分之二・〇一。也就是說，瑞士的人只有美國的四十分之一，它用來濟弱扶傾的錢卻是美國的兩倍半（在一九七八年更是美國外援的五倍半）。當然，凡是數據都有它障眼欺人的一面，所謂外援，也不見得都用在濟弱扶傾的目的上，但瑞士小國的外援高居世界第一，其基本精神仍舊充分透露出來。

對它自己的國民，人道精神就表現在它對鰥寡孤獨的照顧上。一對從未出過國門的中國老夫婦來到瑞士，在蘇黎世湖畔看見無數個老人在湖畔小道上徜徉，有的餵天鵝，有的曬太陽，個個顯得悠閒安適。聽完對於養老金、退休金、救濟金、失業金、醫藥保險鐵等的解釋之後，老夫婦恍然大悟的說：

「我們的報紙老說什麼西方人不懂孝道，不奉養父母什麼的。現在看起來居然有理。老頭子老太婆每個月都有公家給錢，夠吃夠住夠花，爲什麼還要子女『奉養』？根本不需要嘛！

靠子女奉養，碰不好還要看小輩臉色，還不如靠制度，自由自在，這簡直比孝道還好哪。」

以福利制度來達到「老有所終，壯有所用，幼有所長，鰥寡孤獨皆有所養」的理想，這是人道精神的切實實踐了。

●

可是每回經過這個工廠，我就覺得不安，好像在我理性的思索裡出現了一條紊亂的線。

這是一個著名的武器工廠，製造高度精密武器，賣給外國；這個工廠，也生產高度精密的醫療器材，也賣給外國。不論是武器或醫療器材，都具有瑞士人引以為傲的條件：最優秀的品質，最高超的性能，當然，還有最昂貴的價錢。高超性能的武器使戰火中的國家更有效率的互相殘殺，品質優秀的醫療設備使戰火中苟活的人們獲得再生，重新投入殘殺的遊戲；而這一殺一救之間，負責製造供給的瑞士人更忙碌的數著自己的鈔票。

鈔票，總不能塞在舊鞋盒裡藏在床底。美麗的蘇黎世有舉世知名的銀行，向世界上的豪傑巨賈獨裁者提供另一種高度精密的產品：保險箱。把錢放在瑞士銀行的密碼戶頭中，不管那錢是搶來偷來搜刮來的，不管那鈔票是否還浸著寡婦的淚水、沾著人民的血跡，瑞士銀行都會幫你妥善的保管。蘇黎世的保險箱也有最優秀的品質、最高超的性能。黑手黨的頭子、香蕉共和國的國王、華爾街的魔術師，都是買主。蘇黎世的街道是用黃金與鈔票鋪成的。

●

不安歸不安，我並沒有譴責的意圖，原因極簡單，世界上有哪個國家道德立場一致的呢？我舉不出來，那麼，何獨苛求於小國瑞士？只有當那個志得意滿的瑞士佬以天下第一等公民自居的時候，我會淡淡的告訴他「鷸蚌相爭、漁翁得利」的故事；視他人為鷸蚌，揀盡便宜算不了什麼人道主義！

連制度化的人道主義都有它諷刺的一面。

一場冰雪，把人行道都覆沒了，幾天沒有人清掃，過路的行人頗受跋涉之苦，我覺得奇怪，問瑞士鄰居：

「為什麼沒人清掃？瑞士沒有法令規定屋主必須掃門前的雪嗎？在美國，要是行人在你屋前行道上摔斷了腿，可是屋主要負責賠償呢。」

「當然有法令呀！」鄰居帶點鄙夷的說，「可是，誰在乎！每個屋主都有保險，摔斷了腿自然有保險公司賠償，掃不掃雪根本無所謂！」

啊，原來是這樣的！在比較落後的國家裡，人道主義還不曾制度化，所以災損理賠全看個人運氣。張三在李四家前因冰滑而摔斷了腿，李四可能大笑說「張三活該」，也可能誠惶誠恐把心都捧出去賠罪，但是沒有錢。張三與李四若開車相撞，兩人可能在大街上吵得面紅耳赤，爲自己爭取不賠償的立場；李四也可能感激涕零，因爲慷慨的張三一口答應贈送新車。

在先進國如瑞士，兩車相撞之後，肇事車主下車來，互遞保險號碼及姓名地址，事罷分手。冷靜從容，連眉毛都不需要皺一下。有人在屋前跌閃了腰，打開窗戶看一下，撥個電話叫救護車，再打個電話給保險公司，窗戶就可以關上，冷靜從容，連眉毛都不需要皺一下。制度，會負責。

這些當然是最惡劣的假想情況。絕大多數的瑞士人都很盡責的清除人行道上的雪，就好像人人都會買票搭公車，即使公車上沒有收票查票的人。一個制度可行與否，要看是否有大多數的人照規則行事。如果許多人試圖白搭公車，如果許多人在行道上摔斷了腿，公車的榮譽制度勢必要停止施行，保險制度勢必也要崩潰。瑞士人規規矩矩的維護他們人道的制度；瑞士人，表面親切禮貌，也以對人冷淡聞名於西方世界。外國人很可能在瑞士寄居數年而從來不曾受邀進入一個本地人的家門（爲瑞士辯護的人必須馬上說：「可是瑞士人一旦把你當作朋友，那就是一輩子的忠誠友情！」問題是，那個「一旦」很難發生）。令我沉思的是，他們人道的制度化、效率化，與他們人情的冷淡，有沒有關聯呢？

是不是因爲有制度供養老年人，所以兒女覺得沒有承歡膝下的義務，而父母覺得沒有要求含飴弄孫的權利？是不是因爲有制度輔助未婚的媽媽，所以離棄母子的男人不必覺得過分的愧疚？是不是因爲有制度花大量的錢重建外國難民的生計，所以個人就不需要對言語不通的難民表示特別關切？是不是因爲聯邦政府已經給予第三世界極高的外援金額，所以個人對伊索比亞的餓殍不必再動感情？

是不是因爲有紅十字會、外援基金、福利設施等等，在有效率、有組織、有制度的實踐人道主義的理想，所以個人的心門不需要再敞開？如果答案是肯定的，我倒眞覺得惶然了。

阿敏

沒有人注意角落裡那兩個人。他們一身武裝，揹著短機關槍，兩手放在隨時準備射擊的部位。天晚了，疲憊的旅客意興闌珊的走向登機口。兩名瑞士守衛的眼睛像隱藏的探照燈，不動聲色的巡視整個機場大廳。

這班瑞航飛機自馬德里起飛，稍停蘇黎世，終點是瑞典的斯得哥爾摩。飛機在航道上滑行，一輛草綠色的坦克車像幽靈一樣冒出來，在五十公尺以外護航，直到飛機起飛了，才掉過頭去。

機艙內卻有熱哄哄的氣氛。粉腮媚眼的空中小姐捧著一籃巧克力糖讓客人取用。巧克力糖用金澄澄的錫紙包著，拿在手上閃閃發光，像一枚碩大的金幣。空中小姐又優雅的遞給每個人一本瑞航雜誌。雜誌的紙質光滑柔膩，觸手有綢緞的感覺。免稅商品的廣告美得令人怦然心動：「這五盎司的香水，帶給你一秋的氣氛。」圖片中是滿山的紅葉，紅葉叢中一棟美麗的房子。

實在是很晚了，又是短短的飛行，我盡量避免給鄰座搭訕的機會，避免目光的接觸。所以當鄰座的男人為我開了頭上的燈時，我只是淡淡的說了聲「謝謝」，低著眼瞼，不去看他一眼。

可是低垂著眼瞼，仍舊看見了他的手，他巨大的手，粗糙的皮膚上長著堅硬的繭，是一雙在風中雨中烈陽下用力的手。很久沒就近看過這樣的手了，尤其在這昂貴的、飄著咖啡濃香的客艙裡。

忍不住看看他的臉，黑髮濃眉之下，一雙清澈的黑眼。我說：「你一定很餓了！」我的餐盤還沒有完全打開，他已經從主食吃到甜點、麵包、乳酪、餅乾，像卡通裡的白兔啃紅蘿蔔，一樣一樣咔嚓進入嘴裡，一樣一樣吃掉。

他有點難為情的笑了，笑起來的眼睛竟然透著兒童般的稚氣。「中午沒吃飯，」他說，「現在當然吃得特別痛快。」

我一時衝動，想把自己的晚餐也給他，又忍了下來，這是哪門子婦人之仁，莫名其妙。

阿敏，來自德黑蘭的阿敏，卻打開了話匣子。

「你可以說我是逃出來的。在西班牙作了一年事。不逃出來會怎麼樣？我想，沒有什麼好下場吧！我家在兩年之中死了三個人。哥哥被槍殺了，妹妹還不到二十歲，使關到牢裡，說她在學校裡批評柯梅尼。有一天爸爸接到通知，要他到監獄裡去認屍，對，認領妹妹的屍體。怎麼死的，不知道。她沒有穿衣服，只是用一塊白布捲起來，一身都是小刀刮的傷口——

「爸爸當天晚上心臟病發作，就死了。

「剩下我跟媽媽，媽媽要我走，無論如何要走——」

「先生，你要來點紅酒嗎？」

「我是德黑蘭大學英文系畢業的，畢業之後當翻譯。那個時候讀了賽珍珠的《大地》，很感動，覺得中國人和波斯人一樣，古老的民族特別苦難，有一種特別的憂傷。南美的馬奎斯

爲的《百年孤寂》——啊，你看過伊朗的作品嗎？」

個很著名的詩人，海非茲，大概是最好的波斯詩人了，我到瑞典之後想辦法寄

好？你知道，我們都是亞洲人呢，吃米飯的民族，彼此了解應該比歐洲人容易

我寫著自己地址，麥克風的聲音蓋住了阿敏的聲音：「我們現在飛越漢堡，您的左前方是丹麥，右前方就是瑞典，此刻的高度是三萬公尺……」

「爲什麼要離開西班牙呢？南方人不是比較溫情嗎？」想像中北國的瑞典應當是冰天雪地的，如何善待一個吃米飯的亞洲人呢？

「因爲聽說瑞典比較容易謀生，你知道，」阿敏似乎在自言自語，說話給自己細聽，「我不能再用媽媽的錢。打仗打了這麼多年，吃的東西都快不夠了。她到黑市去買美金偷寄給我，要用官價十二倍的價錢，她沒有錢。」

機艙裡紅燈亮了，旅客熟稔的開始繫安全帶，快要降落了。我心一動，問他：「你說你在瑞典有伊朗朋友？他們會來機場接你嗎？」

阿敏瀟灑的攤開手說：「不會，他們不知道我要來。」

「那麼抵達瑞典時，已經是半夜十二點，你會去找他們嗎？機場進城還要四十分鐘路呢！」

阿敏沉默了，我也沉默著。

怎麼又是一個道德難題？反正我自己也要進城，爲什麼不邀阿敏坐我的計程車？他不會有錢住旅館的，我又何嘗不能爲他付一個晚上的旅館費？他即便有錢，也該省下來應付往後艱難的歲月，在滿目瘡痍的德黑蘭城裡，還有一個他雙目失明的老母親——是的，我可以請他坐我的車，與我落宿同一家旅店，第二天清早，還可以請他吃一頓歐洲早餐，然後我去辦我的事，他去找他的朋友——

「夫人，」空中小姐溫婉的聲音從後座傳來，「您剛剛買的鑽圈手錶要不要我們用禮盒包裝？」

可是，阿敏只是阿敏嗎？我想起手執機槍的守衛，還有那輛幽靈似的坦克車，他們在獵狩的，不就是躲在暗處的中東恐怖分子？我怎麼知道阿敏究竟是誰呢？

「當然了，」買了鑽錶的女人說，「那是給我媳婦的見面禮，請你們包裝漂亮一點。」

飛機降落了，機輪碰觸瑞典的土地。窗外燈火輝煌，在沉沉的黑夜中顯得雍容華貴。又是一個沒有戰亂、國富民安的社會！

阿敏的側影清晰的顯在窗玻璃上，頂著一頭濃密蓬鬆的黑髮，他用手在揉眼睛。我凝視著窗裡的人，輕聲說：「我們一起走吧！」但只是對著窗裡的人說。

阿敏已經起身拿下行李，把我的掛在我肩上。「我們一起走吧」那句話還讓我悶在嘴裡，說出來的，卻是，「又要檢查護照了！」

阿敏很勉強的笑了一下，出機門的行列開始移動，我默默安慰自己：沒關係，等過了海關，到了機場外面，我還可以決定要不要請他同行。我還有機會。

我們一前一後的踏進明亮的機場大廳，牆壁上掛著巨幅的廣告：「歐陸大飯店讓您享用精美的海陸大餐」，「我們給您十八世紀皇宮式的休憩情調」……

一轉彎，一個高大的金髮男人擋在面前，用極熟練的手勢亮了一下他的證件，好整以暇的對阿敏說：「先生，請你給我看一下你的護照！」

還沒有回過神來，阿敏已經被兩個便衣警察一左一右的挾進了一個小房間。隔著玻璃門，他突然回身望著遠遠站著的我，揮揮手，無聲的說了「再見」。

人潮從我身邊不耐的流過，我提著行李，遲鈍的凝望著那扇空空的玻璃門，那句想說未說的一句話還哽在喉裡。

人的味道

倫敦機場，往以色列的航道前。一個男人擁吻著他同居的女友，隔著她隆起的肚子。他親愛的拍拍她腹部，說：「一路小心！」

通過檢查關口時，以色列的人員卻在這懷孕的婦人行裝裡發現了一枚炸彈。

爲了從猶太人手裡爭回巴勒斯坦的土地，這個年輕的阿拉伯人願意讓自己的愛人，還有愛人腹中自己的骨肉，與飛機共同炸毀，達到「恐怖」救國的使命。

在搭乘以航之前，我們已有心理準備：機場的安全檢查大概會極端的嚴格繁複，要有耐心。

眞正的檢查，卻出乎意料的平常，與到一般其他國家沒有兩樣。不同的是多了一道「面談」的過程。面對微笑的安全人員不厭其煩的旁敲側擊：爲什麼去以色列？那兒有沒有朋友？你的職業爲何？到了以色列往哪？去哪？多久？

以色列的飛機、汽車、超級市場裡，經常有巴游恐怖分子埋伏的炸彈，造成生命的損失與心理的恐懼。在如此巨大的壓力之下，以色列當局很可以以「安全」爲藉口，用各種手段嚴格管制人民的行動及旅客的進出。記得幾年前從臺北飛往高雄，在臺北登機之前排隊受檢，翻箱倒篋之外，連衣服口袋都要翻出來看，狀極狼狽。以航雖然有「每一只箱子裡都可能有個炸彈」的恐懼，卻以精密儀器和訓練有素的「面談」技巧來保住旅客的尊嚴。

候機室中，按捺不住的幼兒開始騷動起來。先是在椅子爬上爬下，接著在走道追來跑去，大聲的歡呼嘶喊。父母一旁看著，希望孩子們現在玩得筋疲力竭，在飛機裡面可以給大家安靜。

一轉眼，幾個孩子已經出了候機室，在警衛的腿間玩躲貓貓。全副武裝的警衛們微笑的看著幾個幼兒在檢查的儀器與「禁止出入」的牌子間跌跌撞撞。

「如果是瑞士人，早就破口大罵了！」隔座的人一口說出我心裡的話。中規中矩的瑞士人不可能容忍孩子「擾亂公共秩序」。在公車上，常看見瑞士老婦人皺著眉頭對年輕的母親說：「請你的孩子把腳從椅子上放下來！」當我正覺得後座牙牙學語的孩子稚語可愛的時候，有人很嚴肅的指責：「請你的孩子講話小聲點，不要吵人！」人行道上，小孩興高采烈的奮力騎著腳踏車，路過的老人揮舞手臂，大聲喊著：「嘿！人行道是走路的，不可以騎車，到馬路上去騎！」

一個持槍的以色列士兵彎下身來，在胖嘟嘟的小女孩頭上親了一下。她正在扯他的褲管。

在黑夜中走出特拉維夫的機場，一股騷動的氣息像浪潮一樣撲過來。是什麼氣息與瑞士如此不同？椰樹的長葉在風裡婆娑。天氣熱，人的穿著就顯得隨便：穿著汗衫的男人腳上趿著涼鞋，著短褲的小孩赤著腳，女人的夏裝裸露著胳膊背脊。出口處人擠成一團，背貼背，伸長了脖子張望親友，一臉的盼望與焦躁。小孩子攀在欄杆上，有笑的，有哭的，有鑽來鑽去的。接到親友的人快樂的大聲喊叫，熱情的擁抱，擋住了後來湧出的人潮；行李推車在人群裡撞來撞去，小孩哭著叫媽媽……

空氣裡透著興奮、急切、不安。

來接我們的卡碧踢倒了一包垃圾，說：「眞要命，垃圾工人罷工，全市都是垃圾，快要瘋了！可是市長說這次絕不跟工人妥協！我看他能撐到什麼時候！」

前面車裡的人正在笨拙的倒車，卡碧揮舞著手大叫：「喂！再倒就要撞上啦！」話沒說完，已經「碰」一聲撞上。卡碧回頭說：「笨蛋！」

小卡車停在路上，我們的車過不去。卡碧伸出頭去，扯著喉嚨：「喂！老兄，你倒底走不走？」

那位正在點煙的老兄慢條斯理的點煙、抽煙，卡碧按了按喇叭，卡車才慢慢讓了開來。

「我已經付了兩百契可，你怎麼又算進去？」

旅館櫃臺前，花白頭髮的老人很生氣的對服務員說話。

「兩百契可？付給誰的？」服務員不為所動。

「一個女人。」

「誰？」

「我怎麼知道是誰。你們昨天是誰守櫃臺就是誰。你自己去問——」

「有沒有收據？沒有收據……」

我們拎著行李的手放鬆了，看樣子，這場爭執不是兩分鐘能結束的事了。

清晨，還留戀著溫軟的枕頭，吵雜的人聲越來越囂張，不得不起身。從四樓的窗口望出，濱海公路上已是車水馬龍，不耐煩的喇叭聲此起彼落。一群光著上身的工人分成兩個集團，正在吵架，個個臉紅脖子粗、喉嚨大，可是沒有人動手。不久，來了一個警察，瘦弱而蒼白，像個斯文的書生，可是他三言兩語就勸散了群眾，不曉得說了什麼神奇的話。

我們老是迷路。在特拉維夫，找不到往耶路撒冷的標誌；在耶路撒冷，又找不到往柏利罕的指標。指標往往忽隱忽現，在一個重要的十字路口就不見了，由你去猜測，而猜測的路又往往是錯的。

「請問往耶路撒冷的公路入口在哪裡？」卡碧探頭出去，大聲的問。

大肚子的女人嘰哩呱啦比手劃腳一番，卡碧聽得糊里糊塗，打開車門，女人坐了進來。

「她說她帶我們去，反正她那邊也有車可搭……」

兩個人講希伯來語，聲音很大，話很多，表情豐富多變。

「她說她九月臨盆，是第三個了……」

「她說以色列要完蛋了！阿拉伯人殺猶太人，猶太人殺阿拉伯人。上星期放火燒阿拉伯人房子的猶太人是她的鄰居……」

「她問你們中國是不是也有種族問題?左轉還是直走?她問你們的小孩幾歲了?你們是做什麼的?瑞士一定是個非常美麗的地方,她很嚮往……」

瑞士確實是個美麗的地方,可是那個美麗地方的人,絕對不會坐進陌生人的車子裡去爲他們帶路。瑞士人或許會開車讓你跟著走一段,但他不會坐進你車裡;距離太近,人的氣味會令他坐立不安。

市場到了。一個拖著長裙子的老婦人深深的彎下腰,撿拾地上的菜葉,一把把丟進身邊的竹簍。兩個荷槍的軍人站著聊天,他們捲起袖子,敞開胸口,露出濃密的毛髮渾身冒著熱汗。以臺灣軍人的標準來看,以色列的軍人個個服裝不整、行爲不檢……士兵抽著煙、坐在地上、歪靠在牆上,或者與女朋友摟抱依偎著過街,到處可見。而他們在戰場上的剽悍卻又舉世聞名。也許眞正在作戰狀態中的軍人反而不會去重視表面上的服裝儀容吧!

士兵的對面,站著一個一身黑漆漆的猶太教徒:一頂黑色的高帽,一大把黑色的鬍髭,及膝的黑色大衣下露出黑色的褲角、黑鞋。他正弓著腰,散發「福音」。

熙來攘往的人對「福音」卻沒什麼興趣,眼睛盯的是攤子上紅艷艷的水果蔬菜,賣菜的小販大多是以色列的「次等公民」——阿拉伯人。一個深膚大眼、十二、三歲的男孩正在叫賣他的攤子——隻十隻嫩黃的小雞嘰嘰喳喳叫著。一個爸爸把十隻小雞裝在一個蛋糕盒子裡，旁邊的孩子興奮的手足無措。

賣西瓜的漢子高高舉著一片鮮紅的西瓜，大聲喊著：「不好吃包退！」幾個水果販子開始擊節歌唱，一個唱：「我家東西最新鮮」，另一個接著：「我家東西最便宜——」。一來一往，有唱也有和，市場裡響起一片明快的節奏，壓住了雞鴨的呱呱聲。

「以前他們唱得更起勁呢！」卡碧摸摸攤子上陳列的三角褲，一邊說：「可是有猶太人批評，說那麼大聲有失文雅，是不文明的表現，外國人會笑話……」

經過一條窄巷，穿著汗衫的老頭子從斑駁的窗口探出半個身子，對我揮揮手：

「喂，你們哪裡來的？荷蘭嗎？」

卡碧對我眨眨眼說：「他大概沒見過東方人，荷蘭大概是他所能想像最遠的地方了。」

「上來喝杯咖啡好不好？」老頭用力的招手。

我也對他招手，他破舊的窗口擺著一盆紅得發亮的天竺葵：「也請我的丈夫嗎？」

「你的丈夫不請！」他大聲的喊回來。

晚上十點了。住宅區的巷子裡還有追逐嬉戲的孩子，放縱的腳步，快樂的嘶喊。公寓裡都亮著燈，電視的聲音從一家一家敞開的陽臺衝到巷子裡來。頻道聲音大概不能不轉到極大，因爲隔鄰的、對門的、樓上樓下的電視聲形成強大的聲網，不開極大就不聽見自己的電視。

「你覺得很吵？」卡碧說：「哈，現在已經算很好啦！我還小的時候，有電視的人不多，街坊上有電視上的人家就把電視放在陽臺上，對街播送，大家看。不看不行，不聽更不行。幸好那時候只有一個頻道，家家都發出一樣的聲音。現在卻不成，你得壓過別人的聲音才聽得到自己的。」

不曉得從哪裡傳來歌聲，透過麥克風的擴大，像電流一樣一波一波傳來。

「吵死了，」卡碧的母親搖搖頭，「吵了三天三夜，好像是暑期什麼遊樂會的！」

從窗口望出，操場那頭似乎有萬人鑽動，在享受聲與色的熱鬧。

「你瞧，對面那棟公寓就是我兒子住的，可是從這到那，你相不相信，居然沒有路，建築商互推責任。我又半身不遂，到對門找兒子還得叫計程車來繞好大一圈，唉！眞要命，談什麼效率喲！」

「我寫了封很生氣的信給特拉維夫市長，」卡碧背靠著窗外的「鐵窗」說話，「他倒是馬上就回了信，說下星期要親自來我家了解情況。」

這一張織毯眞美。粗糙的紋理，似乎還講著沙漠與駱駝的故事。褐色的樹幹上織出鮮綠的葉子，葉子邊飛著彩色的鳥。在方舟中躲水災的諾亞曾經放出一隻鴿子，見牠銜著一枚葉子回來，遂知道水已經退了，讓萬物重生的泥土已經冒了出來。織這張毯的人，是在回憶諾亞的故事嗎？

「五百塊美金，馬上賣給你！」留著小鬍子的店長很果斷的說。

我愛在耶路撒冷的小市場裡買一張諾亞的織毯，但是卡碧說過，講價是國民義務。

「一百塊！」我回價，作出果決的樣子，其實心很虛。

「一百塊？」小鬍子很痛心，很不可置信的撩起毯子，「這麼美麗的東西才值一百塊？」

我也要心碎了，是啊，這麼美麗的東西，怎麼只值一百塊，但是我的腳在往外走。

「回來回來，拜託拜託，有話好商量嘛！別走別走——」他扯著我的手臂往店裡拖，行動敏捷的拉出另一張織毯，也有綠葉與鳥，但顏色比較暗淡。

「這一張賣給你，三百塊，只要區區三百塊！多給我一毛都不要。」

「那一張，一百塊！」我在簡化我的語言。在小說的技巧中，語句越短，表示一個人越果決。

「小姐，」小鬍子很痛苦的閉上眼睛，「你知不知道，織毯工人要吃麵包？他還有很多個小孩要吃麵包？我有五個小孩，我也要吃麵包，孩子也要……」

「一百五十塊！」我說：「我也要吃麵包。」

他眼睛一亮，伸出四個指頭，「四百？」

「一百五。」

「三百五？」

「一百五。」

「兩百，兩百就好了。眞的，兩百我跟我的孩子就有麵包吃了。」

我嘆了一口氣，給了他一百八。扛著我的綠葉與鳥走出狹窄的市場，走進一條石板路，是名叫「耶穌」的那個猶太人曾經背著十字架、血滴在石板上的那條路。黃昏的太陽把城牆的影子映在窄窄的路上，一個全身披著黑衣的老婦人坐在陰影中織繡。

又是機場。站在乾淨得發亮的地板上，人們禮貌的低聲細語。等候親友的人服裝整齊、姿態優雅的站著，不露出焦躁的神色，不擠到門口去。與別人保持相當的距離，以免彼此干擾。接到了親友，沒有人放任的狂喊。只是擁抱，低聲的問好，回到自己的車裡再大聲談話。公路上車子稀少，井然有序，沒有任何喇叭聲、急煞車的尖銳聲。停車付費，全自動化，沒有找錯錢的可能。

轉進車庫時，我看見人行道上一條大狗，狗的主人正在彎身把地上的狗屎撿進手中的塑膠袋裡。

我又回到了瑞士。

在公園的花徑上相遇，瑞士會與你禮貌的說「早」。在板凳的兩頭分別坐下，他會微笑的說：「今天天氣不錯呀！」你們可以每天在公園相遇，每天在板凳上說幾句話，但是他絕對不會開口請你到他家去。

他會親切的幫你把嬰兒車抬進公車裡，會把門撐著讓你進去，會把位子讓給你坐，但在同車的這一路上，他與你唯一會說的一句話，是「再見！」他不會問你來自哪裡、往哪裡去、住在何處、做什麼事。碰到一個非常多話的人，在說「再見」之前他或許會說一聲「今天天氣眞好。」

在信箱裡突然出現一張素雅的訃聞：何年何月何日葬禮在何處舉行，地址與我的一樣，顯然是同一棟樓裡的人，整棟樓也不過十戶人家。可是這死者是什麼人？我不認識。發訃聞給我的人，也不知道我是誰。在這美麗的公寓住了一年，鄰居之間唯一的溝通是樓梯間一聲匆促的「你好」，面容還沒看清楚，人，已經消失在門的後面。哪一家住了多少人？不知道，因爲從來不曾聽過吵架、歡笑、電視、音樂、兒童的追逐聲、廚房的炒菜聲。整棟樓有侯門深似海的安靜。

在和氣、禮貌、優雅的「你好」後面，總是透著一絲涼氣，人與人之間凍著冰冷的距離。於是我想起在士兵腿間玩躲貓貓的幼兒，對陌生人毫無間隔坐進車爲我們帶路的女人，耶路撒冷那個爲「孩子的麵包」努力而熱切地奮鬥的店主、菜市場中裸著流汗的胸膛擊節歌唱的攤販，比手劃腳臉紅脖子粗吵架的工人……人的聲音、人的憤怒、人的汗水、人的眼淚，像一個蓄滿了水的氣球，而有落地就要炸開的飽滿沉重。

人的味道，眞好！

黃昏，來到湖邊。向湖心游去，野鴨子的水紋與我撥出的漣漪輕輕吻合。水草將湖水襯得碧綠，水在肌膚上的感覺，像柔軟潔淨的絲緞。五百個人所在的湖畔營區，寂靜無聲，瑞士人在靜默中低聲細語，小心翼翼的不去打擾別人欣賞夕陽湖光的心情。

走過住宅間的小巷，聽不見任何電視的噪音。清晨，吵醒我的是濃密的樹葉裡嘹亮的鳥聲。到公園裡漫步，花徑草坪上不會有垃圾、狗屎、玻璃碎片。公車的座椅上，不會有嚼過的口香糖、泥鞋印。在人行道上走著，不會有腳踏車從你身後趕來。騎著腳踏車，不會有行人在前面阻礙。開車的時候，不會有老兄慢條斯理的點煙，擋住去路。

美麗、安靜的環境，眞好。

可是爲什麼美麗的環境裡總是住著冰冷的人？爲什麼熱情可愛的人總是造出雜亂吵鬧的環境？似乎個性中一定要有那麼一股令人凍結的涼氣，才培養得出文明幽雅的環境。可愛的人與可愛的環境，竟是不可得兼了。

在受難路上

阿拉伯人，壞喲！

卡碧趁著母親走開的時候對我說：

「你知道剛才我媽媽偷偷摸摸說的是什麼？」

我當然不知道。卡碧的母親有七十多歲了，全身關節炎，走路都很費力，卻還勉強到旅館來看我。

「她說，」卡碧忍不住的笑，「她說，你長得很好，不需要什麼整容手術嘛！你知道，她一輩子沒見過中國人；不久前以色列電視上介紹北京，說有許多中國女人去割雙眼皮、隆鼻，把臉弄得西方一點。你不覺得媽媽進來時猛盯著你看嗎？」

老母親又進來了，卡碧扶著她緩緩坐下：

「你們眞的要去約旦河西岸嗎？卡碧，你勸你的朋友別去吧！危險哪！那些阿拉伯人會往你車子丟石頭木棍。阿拉伯人壞得很哟！」

「以色列人就不壞嗎，媽媽？我們對街那四個阿拉伯人叫誰給打傷的？」卡碧反駁著母親，回頭對我解釋：「幾個阿拉伯年輕人從西岸到特拉維夫來打工，四個人合租一個房子。那些猶太鄰居先是恐嚇房主不許把房子租給阿人，房主不聽；上個星期，有人縱火把房子燒了，阿拉伯人逃出來還被人圍毆、毒打……」

「他們本來就不該來這裡！」老母親插嘴辯論，「他們都是帶著仇恨進來的……」

卡碧不理母親，繼續說：「更過分的是，涉嫌縱火傷人的一個猶太人居然被保釋了，你說可不可惡？」

「女兒！女兒！」老婦人搖搖頭，「別讓人家說你是個阿拉伯人的夥伴！」

特拉維夫的老市場，就像淡水的菜市場；水果蔬菜一筐一筐的攤開在木架上，雞鴨豬肉一條一條掛在鐵鉤上，沾著羽毛的籠子裡還塞滿了肥胖的來亨雞。販夫走卒都是阿拉伯人。男人有著厚實的肩膀、黝黑的皮膚，大聲吆喝著，招徠顧客。十二、三歲的男孩，眼睛又圓又大，守著一簍西瓜，默默的看著鑽動的人群。一個臉孔乾瘦的女人，穿著拖地的黑色布裙坐在地上，頭上罩著白巾，只露出瘦削的鼻樑與漆黑的眼珠。看見一個外國小孩過來，她突然一手抓起簍筐裡的鴨子，枯乾的手掐著鴨脖子，猛然把鴨頭湊到孩子鼻尖上去。鴨子拍著羽毛掙扎，孩子「哇」一聲大哭起來；女人「嘎嘎嘎」瘋狂的笑起來，像童話裡的女巫。

販夫走卒是巴勒斯坦人，荷著槍的士兵是以色列人。在討價還價的嘈雜聲中，在雞鴨蘿蔔青菜的竹簍之間，在婦人的香水與男人的汗臭味之間，士兵荷著槍，走來走去，走來走去。

清眞寺

安靜的清眞寺，庭院空曠的迎著黃昏的陽光。樑柱的陰影中站著一個人，一個赤腳的人。我見過那樣的赤腳，不是經年累月裹在鞋襪裡，只有在游泳池畔，才看得見的白皙鮮潤的光腳；是那種不知鞋襪爲何物、踩在滾燙的沙上也陷進田埂的黏土中的腳，削瘦、露著骨骼的結構。

「我從迦薩來這裡朝拜，」赤腳的人說，「你聽說過迦薩嗎？」

是的，迦薩，本來是個人口近五十萬的埃及小城；在一九六七年的六日戰爭中被以色列占領。現在，和約旦河西岸一樣，是以色列的殖民地。

「在迦薩找不到工作，活不下去了，所以來特拉維夫試試。跟以色列人……」赤腳的人敏感的看看四周，繼續說：「你等著瞧吧！我們的下一代不會受氣的。」

伯利恆的小兵

耶穌誕生在伯利恆，在一個馬槽裡。原來是馬槽的地方現在是一座雄偉厚實的教堂，教堂的對面，是一座清眞寺。擴音器拴在寺頂，傳出輓歌似的吟誦，以極淒苦悲哀的調子呼喚人們，又是朝拜的時刻了。

在如泣如訴的吟誦聲中，從頭到腳包著白巾白衣褲的阿拉伯人紛紛走進寺門。一個大眼睛的少年騎著一頭灰撲撲的大耳毛驢，「踢踢踏踏」走過教堂與回寺之間的廣場，轉進一條石板路的小弄，驢的蹄聲響滿小巷。

以色列士兵在廣場上走來走去，走來走去。走近時，看清是兩個年輕而英挺的男孩子，露出潔白的牙齒對路邊的小孩笑笑。

較矮的一個長著濃眉黑眼，帶點稚氣，像株健康的小青樹。「我們軍人奉命不能對外人發表意見的，」他說，可是又忍不住似的聊起來「快要期末考了，偏偏輪到入伍，眞糟。沒辦法啦！」

「伯利恆還好，你們別到西岸的西伯倫鎮去，那兒的巴勒斯坦人對所有的過路車子都丟石塊。」

沙漠裡的青菜

希伯倫鎮，只是灰撲撲的沙漠中一個灰撲撲的小鎮。以色列政府鼓勵猶太人移民到西岸，試圖把西岸逐漸「猶太化」。年輕的猶太人攜著年輕的妻子、年幼的子女，抱著墾荒的興奮，進入阿拉伯人的領域中建立小小的猶太區。首都特拉維夫的房租他們或許負擔不起，在這裡，他們卻可以有自己的房子，甚至能在貧瘠的沙地上呵護出一小片菜園，看綠芽的抽長。

然而猶太人是占領者，阿拉伯人是被奴役者。沙漠中也許可以長出青菜，仇恨中卻長不出和平。一個年輕的以色列女人被殺了，一歲多的孩子在屍體邊哇哇大哭。

然後以色列士兵憤怒的衝進阿拉伯人區逮捕年長的，毆打年幼的，還槍殺了幾個人。阿拉伯的少年，長年失業失學，住在貧民窟中，生命中唯一的樂趣與希望就是往以色列的軍車丟石頭、吐口水。

我們的車子經過灰撲撲的希伯倫鎮，停了下來。一個三、四歲的小女孩站在破舊的木梯上。她轉過臉來。啊，那麼大的、美麗的眼睛，流著眼淚；她在叫「媽媽」。「媽媽」到哪去了呢？一個幼小的女孩孤單的站在一個木梯上，木梯倚著斑駁的古牆，遠處傳來炮火隱隱的震動。

有馬的嘶叫聲。一個白巾白袍的阿拉伯人騎著馬從我們身邊擦過。馬走得很慢，阿拉伯人流著汗，一臉焦躁。

走過來一個以色列軍人，全副武裝把他的背壓得垂下來，他問我們是否能讓他搭便車；我們要去加利利海，耶穌曾經走在水波上、信徒曾經在那兒捕魚維生的加利利海，士兵要去北邊與黎巴嫩交界的戰區。我們可以同行一段。

「昨天有兩個巴勒斯坦人在邊界的河流裡冒出來，被幹掉了。」士兵一邊說，一邊解開胸釦，喘了口氣，「今天的報紙也登了，所以不算秘密。」

「不，我並不覺得我是侵略者，壓迫巴勒斯坦人。在希伯倫鎮執行任務，我覺得就像一個警察在維護地方治安罷了。」

可是，以色列占領著巴勒斯坦的土地，統治阿拉伯人的生活，把阿拉伯人變成以色列的下等國民，這就是占領，就是壓迫；你這個荷槍的士兵就是一個壓迫者、統治者的代表，不是嗎？

「讓我老實告訴你吧！」士兵臉紅起來，激動的說：「梅爾夫人已經說過，以色列有兩個選擇：遵守國際道義來爭取國際同情，那是死的以色列；受國際唾罵譴責，是活的以色列。告訴你，爲了要活下去，什麼壓迫不壓迫，什麼國際輿論，去他娘的！這是個你死我活的世界，你知道嗎？我不殺他，他就要殺我，你知道嗎？」

憐恤的人有福了

淡淡的天空俯視起伏的山巒，層層疊疊的山巒環抱著一泓清澄的湖水，遠看湖水，像一碗凝固了的、碧綠色的愛玉冰，在一個沒有風的下午。「耶穌在加利利海邊行走，看見弟兄二人，就是那稱呼彼得的西門，和他兄弟安得烈，在海邊撒網……」

一個滿臉鬍髭的漁人彎腰扯著魚網，正要把落在網中一條肥美的「吳郭魚」抓出來，猶太人稱這種魚是「聖彼得魚」。就是這樣的兩條魚，還有五條麵包，耶穌餵飽了幾千個人。在加利利海的深水裡，雄魚把卵含在嘴裡孵育，小魚孵化之後，父魚仍舊把牠們含在嘴裡撫養。名叫彼得的那個漁夫就在這魚的嘴中發現了一枚金幣。

在湖邊一個布滿岩石的山丘上，那個濟弱扶傾的耶穌曾經面對千百個聚集的漁人、農夫、信他的與不信他的，用沉重的聲音說：

哀慟的人有福了，因爲他們必得到安慰。
溫柔的人有福了，因爲他們必承受土地。
憐恤的人有福了，因爲他們必蒙憐恤。
使人和睦的人有福了，因爲他們必得稱神的兒子。
爲義受迫害的人有福了，因爲天國是他們的。

斷岩殘壁處，是耶穌曾經布道的地方；就在湖邊，茂盛的油加利樹將濃密的葉影投射在平靜的湖面上。

離開加利利海的公路上，一輛聯合國派遣的軍車與我們擦身而過；軍車上有一尊閃亮的大炮。

國際新聞如是說

一名巴游分子乘著滑翔翼進入以色列駐軍區，用機關槍掃射，殺死六名以軍。

一輛以色列軍車輾死四名占領區中的阿拉伯工人。軍方強調純屬意外車禍，當地居民及目擊者卻宣稱「車禍」係蓄意製造，是有意殺人。

爲了調查滑翔翼事件，以色列士兵深入巴勒斯坦難民營搜索嫌疑犯，至今已逮捕了近千名巴人。

阿拉伯人暴動，以石塊、水泥磚塊攻擊士兵，士兵先以催淚彈驅逐，然後回以實彈。陸續已有二十三名阿人死亡。

一名阿拉伯婦女被以色列士兵槍殺。

當一輛軍用吉普車停在十字路口，一名年僅十五歲的阿拉伯少年將車門拉開，取出小刀欲刺車中士兵，士兵開槍，少年當場死亡。

迦薩地區的阿拉伯律師指稱，以色列軍方以電擊手段，迫使被逮捕的阿拉伯人認罪。一名十七歲的阿人被釋放後描述被施電刑經過。但是軍方斷然否認。

世界人權組織發表去年年度報告，指控伊朗、土耳其等國家對兒童施以酷刑。以色列監禁不足十二歲兒童，加以毒打，甚至電擊。

以色列軍事法庭已判決將九名巴人驅逐出境，引起國際譁然。英國外交官批評以政府不人道，奧國總理要求將以色列自「國際社會組織」中除名以爲懲罰，聯合國通過決議，要求以政府收回成命。但是在二十年的占領記錄中，以色列從未將已判驅逐令更改。

以色列工黨領袖兼外交部長裴瑞斯，一向是開放派的發言人，這次也支持強硬政策。他說：「以色列法律廢除死刑及驅逐，根本沒有重刑可判；所以只好用阿拉伯人自己的法律來處分他們。阿拉伯法中是有驅逐一刑的。」

馬鈴薯的味道

我們登上一個小坡，視野卻突然展開千里。荒荒大漠，一片乾燥的土黃色，只有村落人煙處感覺得到一點綠意。

「你們從綠地裡來的人，會覺得這兒到處是沙漠，」四十歲的智亞說：「我們生長在沙漠中的人，卻覺得這兒好綠——比起從前。每一寸綠都是我們努力出來的。」

智亞，是裴瑞斯部長的女兒，一個教育學博士。上午，她很驕傲的展示了她一手建立的兒童教育中心：最新的教材、最完善的設備。卡碧不懷好意的在我旁邊耳語：「想想看，西岸難民區的阿拉伯兒童，連自來水都沒見過呢！」

「勞工黨是希望撤出占領區的，把土地還給阿拉伯人。」智亞說，「可是保守派勢力太大……」

眺望著沙漠，智亞說：「喏，那就是西岸了。你看那邊有一帶田地，種的馬鈴薯好吃極了。」

可是正統猶太教的人並不在乎馬鈴薯的味道。他們說，聖經上寫的，第七年不能耕作，必須休息，所以以色列的農業必須停擺一年。其他的人恐慌了，停一年，吃什麼呢？折衷的辦法，是把田地租給外國人去耕，那就合乎聖經指示了，皆大歡喜。可是，現在又有正統派人士說，讓外人耕是虛僞、欺騙，因爲外人種出來的糧食還是讓猶太人吃掉，猶太人不應該吃那土地上第七年長出來的東西。

「猜猜看這些白癡在國會建議什麼解決辦法？」卡碧的眼睛在冒火：「他們建議把以色

列出產的麥子賣給美國，然後再向美國買麥子回來吃！你說瘋狂不瘋狂？」

哭牆通往「受難路」

只有這麼一堵白牆殘留下來。白牆前立著黑色的人影。一身黑衣黑帽的猶太人面對牆，合掌撫牆；默然低頭的片刻，幾千年骨肉流離失所的痛苦都融入牆的陰影中。執矛槍的羅馬百夫長曾經是猶太人的統治者，按著煤氣房開關的日爾曼人曾經是猶太人的迫害者。濕潤的哭牆上至今沒有青苔，只因爲人類的眼淚太鹹了。

耶穌當年想必也看過，繞過這堵白牆；一條古道剛剛被發掘出來，古道蜿蜒，可以通到「受難路」，形容枯槁的耶穌走向十字架刑場的小路。

小路仍舊是條石板路，夾在兩邊廟堂的陰影中，路上往往只偶爾露出細縫似的陽光。

「猶太長老們認爲耶穌使死人復活，純粹是異端邪術的魔法，便召開法議大會來商討對策……猶太人擔心若是救世主風波一再擴展下去，羅馬帝國可能派兵前來干預，後果不堪設想；若這樣由著他，人人都要信他；羅馬人也要來奪我們的土地和我們的百姓。」

「於是他們張貼了四十天布告，通知全體民眾，任何人一旦知道耶穌下落，即應通報政府派兵捉拿……」（註）

羅馬人迫害猶太人，猶太人迫害耶穌；日爾曼人迫害猶太人，猶太人迫害阿拉伯人……

耶路撒冷吹起了羊角，嗚嗚的聲音裡透著哀傷，是猶太教人在慶祝他們的萬聖節；從另一個角落裡傳來基督教堂的鐘聲，「噹噹噹」敲醒時間；清眞寺那哀切的呼喚聲也低迴了起來。耶路撒冷籠罩在一片祈求的聲音裡。

黃昏的顏色越來越暗，我的腳踩在石板路上，覺得這條路越走越長。天已經黑了下來。

註：取自《聖地之旅》，光復書局出版。

大頭針與蝴蝶

冬天的匈牙利，布達佩斯的街頭，有成群結隊的蘇聯觀光客，不論男女，都穿著臃腫的大衣，戴著厚實的皮毛帽子，跟著導遊逛街。布達佩斯的大街上，還有五、六十歲的老婦人，十來個站成一排，每人手裡握著一頂毛帽或貂毛圍巾，用眼睛與手勢向路人兜售。一個滿臉皺紋的女人在我手心上寫著：「一五〇〇福林」，也就是三十幾塊美金。

布達佩斯的街頭，還有一個剛剛在店裡買了把牙刷正推門而出的女人，在我前頭走著。一個一看就知道是來自中國大陸的女人。

我們談了起來，一個是來自臺灣，住在瑞士的作家，一個是來自河北，暫住匈牙利的社會科學研究員。我們選了一家小小的咖啡店坐下，玻璃窗糊著一層薄薄的咖啡霧氣，窗外流著多瑙河的波光；冬天的多瑙河是灰色的。

熱咖啡使她的臉龐紅潤了起來，話也多了：「我第一次見到臺灣同胞，」她說，一邊新奇的打量我。

「我也不想轉彎抹角，你能不能回去幫我打聽一下：臺灣可不可以給我政治庇護？」

「我對政治沒有興趣，可是，在中國那個環境裡，我沒法子作研究。我只想安安靜靜的生活，作研究。當然，婚姻的破裂也是我想離開的另一個因素，不過主要是自由……」

從匈牙利回來，信箱裡站著一封巴黎的來信：

「我去年在中國大陸接觸了一些人，在巴黎更碰到不少大陸來的留學生與交換學者。有件事格外困惑我，好像十個中國人裡，有九個甚至九個半，是想盡辦法脫離中國，在國外生根。

「我個人等於在國外生了根。面對這些同胞，他們總覺得：『你我同樣是中國人，憑什麼你不幫中國人忙，把我也留下來？』好像他們文革中吃的苦，現在要全世界的人償還。然而想當年，你我何嘗不是完全憑自己能力去闖天下的。當然，大陸的自由度與臺灣不能同日而語，但今天的大陸同胞，有時給我感覺眞是可以連自尊都不要，想盡辦法出國。

「我曾莫名其妙的收到一封大學生的來信，說是從報上看到有關我的報導，就這麼求我收他做『乾兒子』，將來一定把我當作恩人報答。還有應邀出來研究的教授，想盡辦法把稚齡女兒找有錢法國人家收養。大陸與我通信的年輕人更是一封接著一封要我設法爲他們找工作、找獎學金。我一火之下，去信罵他們爲什麼跟我原來是有目的的交往？中國是不是要沉船了，船上的人不擇手段的在逃生？

「今天許多在巴黎的中國人這樣不顧自尊自愛的留在外面，使我們這些海外華僑中國人也覺得很不光彩，但你能責怪這些人嗎？他們說苛政猛於虎，共產黨太厲害，搞得你動彈不得，弄不好還連累九族親朋，這該怪商鞅嗎？

「我想到柏楊說，有幾流的人民就有幾流的政府，我深深體認這句話。我們中國人的反抗方式就是逃避。外國人笑我們一盤散沙，十億人起不了一點作用。我自己也是逃兵之一……」

寫信的朋友若是能退一步，放眼橫觀世界的話，他或許不會那麼氣急敗壞。在二十世紀的地球上，船破逃生的不只是中國人。哪一個共產國家裡的人民不嚮往西方的物質與自由？東德用看得見的圍牆將人民關起來，蘇聯用看不見的警察與法令留住自己的人民。近一年來東德稍稍開放，馬上發覺滯留西方的人數激增，政府正在考慮對策。匈牙利以往規定，人民每三年才能往西方去一次，每次三十天，超過三十天，國內財產沒收。今年開始撤除一切限制，人民紛紛要求西方親屬接濟，到西方去，有「辦法」的，當然就在西方留了下來。

共產國家也不是唯一的「破船」。法西斯與軍人統治往往更劇烈。中東的伊朗、伊拉克，南美的智利、尼加拉瓜，都是民不聊生的社會。此外，貧窮也是一條逼人逃生的鞭子。墨西哥人逃往美國，土耳其人逃往西德，南斯拉夫人潛入瑞士，菲律賓人偷渡香港、臺灣。

如果在燈下擱著一個地球，用紅筆把共產國家、法西斯暴政國家、赤貧饑荒國家、戰亂國家圈起來，我們會發覺：不在那紅筆之內的只是個非常小的面積。也就是說，絕大多數的人類都生活在苛政猛於虎或者饑餓猛於虎的國家裡，渴望往外逃生，中國人不過是其中之一。

「逃不算錯，問題在逃的方式！」寫信的朋友會對我吼叫：「游泳、偷渡、求政治庇護都是正常的辦法；認陌生人作乾兒子，把女兒送人收養，這是下賤！」

一個游泳到香港的中國人曾經寫過篇文章叫〈男人與狗〉，描寫大陸上的年輕男人如何竭盡手段的追求西方女子，不管對方是肥瘦、妍醜智愚，目的在利用對方出國。作者把這樣的男人比作狗，以示其無恥之至。

我欽佩游泳者的勇氣，他也有資格指責那些手段卑鄙的同胞——比我們這些隔岸觀火的中國人更有資格。但是，這種中國人的醜陋面貌是不是又應該襯著大的背景來看？自然的中國人並不比任何人來得高貴或卑劣，爲什麼現階段、現社會中的中國人這麼「無恥」、「醜陋」呢？

在土耳其的街巷中，十來個年盛力壯的男人守在街口，每個人腳下都擱著一個簡陋的鞋箱，巴巴的望著過路的人，盼望一雙髒鞋子踩過來，可以賺得幾塊錢，家中有好幾個肚餓的小孩。從伊斯坦堡直飛紐約，一進入紐約市就看見熟悉的街景：年盛力壯的酒鬼醉臥街頭，手裡緊緊抱著瓶子；半醉的大漢穿梭在人群中，伸手要酒錢。

熟悉的街景現在卻使我震驚：在貧困的土耳其，個人再努力也難以突破大環境的局限。一個女人僅有的選擇是：今天要挑賣十個小時或十五個小時的豆花。一個男人僅有的選擇是：守十個小時擦五雙鞋或者遊蕩一天一毛也賺不到。女人於是挑著豆花沿街叫賣到深夜，男人於是枯守鞋箱等候稀少的顧客。美國年盛力壯的大漢，面臨的卻是無窮無盡的機會與選擇，他可以開卡車、挑石頭、清水溝、作生意，但他選擇的是飽食終日、醉臥街頭。（酒精中毒是另一回事）

眞正「醜陋」的，我想，是那個可以發揮而懶於發揮的人，不是那個被大環境制度釘死而努力想掙脫的人。中國大陸的男人追求外國女人、大學生認陌生人作乾兒子、教授出讓自己的女兒等等卸盡自尊自愛的作爲，都是大環境的產品，產品名稱就是「扭曲的人格」。對於這些「被」大環境扭曲了人格的人，我所感受的，哀矜多於憤怒。他們，也是犧牲者。

可是大環境是誰造成的呢？不是人自己嗎？犧牲者之說難道不是廉價的同情？就好像文革之後，人人都以被害者身分自居，十億人都是犧牲者、受害人，那壞人哪裡去了？沒有壞人，文革怎麼產生的？即使不講壞人，就是沒有「好人」的默許、合作，文革也不能施展。所以說穿了，「好人」也只是沉默的幫兇罷了，自己害自己，咎由自取。所以「扭曲的人格」也是個人主動造成的。

這麼說，就牽涉到個人責任的大問題了，我淺薄的智慧沒有答案，只有迷惑。在病態的大環境中，保持「眾人皆醉我獨醒」是一種高度的道德成就，不能求諸一般凡夫俗子？還是一種基本的道德義務，每個人都應該具有？我相信是前者，所以我可以原諒華德翰，即使他曾經在驅逐猶太人的文件上簽名；我也可以原諒當年張牙舞爪的紅衛兵，「因爲他不知道他在做什麼」；我也可以同情寫信認陌生人作乾兒子的大學生，因爲他或許是一隻被大頭針釘在牆上的蝴蝶，走投無路……

但是，我不安的想著：那枚大頭針，又該由誰負責呢？

火鍋

圍著熱騰騰的火鍋，大家在談阿爾卑斯山的冬天。

「富斯林的村民要把富斯林山堆高幾公尺，本來三千九百多公尺的山現在要滿四千公尺了。」

「眞好笑！你們瑞士人是用土堆山，我們中國人是在山頂上放個偉人銅像，銅像若還差個幾公分，在頭上再挿支避雷針算數。臺灣玉山不也正好四千公尺。」

「富斯林的雪滑起來很過癮。坡度大，雪厚……」

雪白的魚丸浮起水面，我趕忙撈起。任何關於滑雪的話題我都不接腔。前年來到瑞士，朋友們說，來到瑞士不滑雪，就好像到了中國不吃米飯一樣。於是穿上雪衣、雪靴、套上——腳下用來滑的那兩條長木片叫什麼來著？走起路來像沒拴好的機器人。向來篤信凡事無師自通的丈夫把我帶到峰頂，隨手指著白茫茫的雪道，輕鬆的說：

「就從這兒下去，二十分鐘就可以到底。」

說完，風一樣的溜了出去。所謂雪道，看起來像一落千丈的懸崖。腳下的木片往不同的方向滑動。跌跌撞撞、翻翻滾滾的下山，三個小時之後我到了山下，道具扛在肩上。

「今年奧運往下衝刺最快的人是誰？」來自瑞士法語區的安德烈用英語問。

「好像是東德的代表，是不是？」漢斯一邊回答，一邊用筷子捕捉滾在桌子上的魚丸。他是西德的大學講師。

「不是，」安德烈狡獪的說：「是奧地利的代表華德翰！」

大夥哄然大笑。

「怎麼會有人這麼自以爲是的，這個華德翰！不管他從前有沒有錯，至少他說了假話，明明在軍隊裡，卻說在學校讀書。憑說謊這一條，他就不夠資格當奧地利總統。」年輕的馬克是奧地利人，義憤塡膺的發表看法。

「華德翰令人作嘔！」漢斯說。

「我倒不覺得華令人作嘔。有沒有人要豆腐？」我端起盤子，「你們歐洲人對罪與罰的觀念在我這個東方人看起來實在很奇怪。華德翰的調查報告明明說他只是『知道』當時納粹的罪行，但並沒有實際參與。如果把『知道』的人都判罪，老天爺，恐怕那些指著他鼻子罵的人自己都不怎麼乾淨呢！歐美人在四、五十年後還在對納粹趕盡殺絕的作法，我覺得很難理解。」

安德烈和漢斯搶著反駁：「難道你認爲那些當年殺害過婦孺老幼的劊子手，因爲事過四十年，就應該沒事了？那些無辜的犧牲者該說什麼呢？」

「如果你是猶太人，受過猶太人的苦難，你大概就不會同情這些納粹餘孽了。」很少吭聲的米雪兒突然開了口，她是個法語瑞士人，卻以德文寫小說。

「不一定是猶太人才知道什麼叫苦難，中國人受日本人迫害的程度並不低於六百萬猶太人。」似乎成爲眾矢之的的我，一邊尋找粉絲，一邊辯解：「我只是覺得『罪』的裁決是很困難的事，把僅僅『知道』也當作有罪，是高姿態的道德虛僞。另外，我也想不通，把一個八、九十歲的、牙齒都掉光了的老頭抓起來審判、關監牢，究竟達到了什麼『公義』的目的？我非常不喜歡日本人對歷史的逃避態度，但是我想我可以原諒一個九十歲的日本人，儘管四十年前他曾經在南京城裡槍殺我的同胞。」

「這絕對是不公平的！」安德烈隔著火鍋蒸騰的霧氣大聲對我說，「那就等於說，那些笨的人早就被抓到正法了，聰明的，躲了四十年之後就可以逍遙自在，這不公平！」

「一般謀殺罪也都有個二十、三十年的期限，」我也隔著一層熱霧大聲回答他，「過了那個期限就不再追究，爲什麼對納粹就要破例的嚴厲？」

「我倒覺得，」瑞士的漢學家吳此仁很斯文的說，「中國對戰犯的處理比較文明。譬如當年與日本人合作的溥儀，中國並沒有把他殺掉，或者讓他終生監禁，而是罰他幾年『改造教育』，改造之後，他可以出獄重新做人——」

「可是我不相信人的思想可以『改造』！」安德烈打斷了漢學家的話。

吳此仁一點不爲所動，慢條斯理的說：「麻煩你把沙茶傳過來。思想能不能改造是一回事，相信犯人應該給予自新機會是另一回事。還有誰要沙茶嗎？」

「我要！我要！」米雪兒接過沙茶，一不小心把整碗的沙茶倒在桌上，她慌張大叫：「糟糕，都是你們害的。談這麼嚴肅的大問題，搞得飯都吃不好，換個話題行不行？」

衝進廚房裡拿了抹布出來，卻聽見米雪兒還在說話：「寫這篇文章的是個德國猶太後裔的教授，專門研究納粹歷史。他說他花了兩、三個月的時間在亞洲旅行演講、放映納粹記錄影片，發覺許多亞洲人，意指日本人、韓國人、香港和臺灣的中國人，竟然把希特勒當英雄看，說他是有魄力的領袖、有鋼鐵般的紀律等等，好像亞洲人對六百萬被殺的猶太人無動於衷似的……這是眞的嗎？」

「你們話題還沒換嘛！」我把抹布遞給米雪兒，「你說的那篇文章我也讀了，發表在西德《世界日報》對不對？作者還說，臺北一位教授當面告訴他：希特勒根本沒死，他現在住在法國南部一個小村子裡……」

安德烈露出不可置信的表情，放下筷子：「亞洲人，眞的尊敬那個滿手是血的魔王嗎？」

全桌的人都望著我，我望望坐在角落裡猛吃的李潔潔，她是臺灣來的藝術家。李潔潔不太舒服的挪動一下座位，猶豫的說：「一般人並不太清楚希特勒究竟是怎麼回事——」

「這根本不値得大驚小怪，」漢學家眼睛不離手裡的一隻蝦子，慢條斯理的剝殼，一個字一個字說，「中國人對猶太人的受到迫害沒有什麼認識，所以對希特勒有偏誤的形象。但是中國人對猶太人的浩劫缺乏了解，與反猶太人的種族歧視一點關係都沒有，而只是因爲一般的中國人根本接觸不到猶太人，所以毫無概念。」

「而且反過來看，」漢學家又揀起一隻生蝦，丟進滾燙的湯裡，「我問你，猶太人，甚至整個歐洲白人，對日本人如何迫害中國人又知道多少？歐洲的電視一天到晚都有納粹殺害猶太人的電影或記錄片等等，我們幾時看到南京大屠殺的介紹？又有幾個歐洲人知道日本人在滿洲國拿中國人作藥物試驗？所以亞洲人不了解希特勒的眞相是很自然的事，歐洲人也不了解韓國人和中國人的遭遇。對不對？」

「只是單純的因爲亞洲距離歐洲太遠，所以不了解嗎？」鍋裡逐漸黏稠起來，我將清湯徐徐灌入，「有時候我會猜疑：還是因爲亞洲的苦難是黃種人的苦難，所以不値得太費力的去了解？我這大概是以小人之心度君子之腹吧？」

「不是小人之心，我覺得正是如此。歐洲白種人在非洲殖民那許多年，對非洲人作過多少血腥的事，日本人在整個東南亞，迫害多少無辜的人，對這些，歐洲人從來就沒起過什麼太大的反應，對猶太人卻不一樣，猶太人是白人呀，白人被迫害了，就變成世界上最重要的事件，四十年來叫囂不停。想想看，同時被希特勒殺害的百萬吉普賽人，就少有人談，好像他們不算，只有猶太人的命，『白人』的命，才値得嚷嚷。」

「漢學先生，」漢斯搖搖頭：「你太偏激了吧？」

「我覺得他不偏激哩，漢斯。有沒有人要舀湯？這裡有支大湯匙。我剛剛說歐洲人道德虛僞，也是這個意思，除了潛在的白種優越感之外，還有政治勢力的遊戲。美國是超強國，美國有強大的猶太勢力，因此以色列水漲船高，在國際上聲大氣粗，人人要對猶太人多一分謹言愼行，不可得罪。吉普賽人根本連國家都沒有，就沒有人爲他們撐腰、復仇、講人道公義了。中國人一方面健忘，一方面國際勢力也大不如日本，你聽說過誰在獵取日本戰犯了？所以所謂道德也不過是政治勢力的附屬品罷了，這不叫虛僞叫什麼？」

「那麼中國人又怎麼樣呢？」安德烈挑戰似的反問。

「中國人愛好和平，根本就不會去侵略別人！」潔潔理直氣壯的說。

「潔潔，中國人到今天還用三十萬大軍占領著西藏呢！」我笑著望向潔潔，臺灣教育的影響在她身上還很明顯。遞給她一碟水蜜桃，繼續說，「我相信德國人和日本人所作的瘋狂事情，中國人也作得出來。我相信中國人如果是個侵略者，他會和今天的日本人一樣逃避過去，不願正視醜陋的瘡疤。我也相信，中國人有他自己的種族優越感和道德虛僞，只是與歐洲人表現方式不同……」

「我相信，」漢學家站起來，筷子夾著一隻生蝦，「我相信不管是德國人、日本人，還是中國人，都和這隻蝦子一樣，」他把蝦子拋進湯裡，「丟進滾燙的湯裡一律會變色！」

他把煮熟的蝦子夾出來，端詳一下，慢條斯理的說：「還好我是瑞士人，乾杯！」

臺北遊記

——看民進黨的遊行

「九點鐘有遊行，你知道嗎？」

「嗄，眞的？」計程車司機驚訝的說，「慘了，要塞車了。哎呀，遊那麼多行幹什麼？」

他沒有問今天遊行的訴求主題是什麼，他沒有興趣。他唯一在乎的，是今天的生意好壞。

市議會前一片混亂，康寧祥與姚嘉文的領隊車開動之後，形成車隊，卻一下子秩序井然起來。這不是一次烏合之眾的遊行。站在卡車上，一個眼睛細細的年輕人遞給我一張名片，說：「我在監獄裡讀你的書。」

名片上印著：「民進黨文宣部主任」。

從監獄到由警車開道護航的遊行車上，是一段多麼艱苦的路？站在姚嘉文的後面，看見他滿頭粗糙的白髮，大半，或許是在那條路上白掉的。許榮淑用手努力高撐著綠色的黨旗，那雙母性的手，曾經如何撫慰她哭訴的孩子，當孩子的老師與同學都指著他說「你的爸媽是壞人」？

眼睛細細的年輕人對著麥克風說：「各位親愛的父老兄弟姐妹們，這是民進黨的遊行車隊。國民黨自民國五十六年起就剝奪了我們選舉市長的權利。我們付出百分之百的稅金義務，卻得不到百分之百的權利。國民黨違背憲法、違背民意。我們強烈要求省市長民選……」

麵攤上的食客舉著筷子暫時忘了進食，焊工握著焊槍的手停在半空中，母親和懷裡的嬰兒停止嬉戲，拄著枴杖身著唐裝的老頭站在騎樓下，理髮小姐從二樓窗口伸出半個身子，手裡還拿著吹風機……

灼灼目光的焦點都在招搖過市的車隊上，但如果這不是一列政治遊行的隊伍，而是節慶的例行花車，或是葬儀的樂隊，目光的性質不會有兩樣：純粹的好奇與看熱鬧的興味。

在三個小時的行程中，大概每條街會有一兩個路人表現出超過看熱鬧的興趣：他們或鼓掌，或翹起大拇指，或高舉雙臂，表達他們的贊許。

這些人，多半站在一地油污的機車修理鋪前，或是手握著水管、抹布，正在路邊為人洗車，或是倚在路邊攤上，正準備切菜。他們有的趿著拖鞋，有的穿著因為沾了污泥而看不出顏色的皮鞋。

在我的視野範圍，只有三個路人對遊行車隊表示反感。一個壯碩的年輕女人跨上一輛偉士牌機車，機車前後掛著塞得滿滿的菜籃。她對著車隊使盡力氣的翻著白眼，兩手放在耳邊作豬八戒狀，舌頭吐出作白癡狀。

一個打扮時髦瀟脫、戴著墨鏡的年輕女郎，很像電視連續劇裡典型的女大學生，一手環抱騎著機車男友的腰，一手往前伸出中指，作出美國人表示「三字經」的手勢。經過一所大學的臺北分部，一個身材高眺打籃球的男生停下腳步，對車隊高高翹出他的中指。顯然這個身體語言和麥當勞一樣，已經成爲臺灣體質的一部分。

通過民生東路一帶，寬闊的人行道與巨大高聳的玻璃大廈突然使遊行車隊顯得渺小。路人也遙不可及；穿著西裝、打著領帶、提著皮爾卡登手提箱的行人，似笑非笑的匆匆望一眼，並不停下腳步。

通過老社區時，車隊卻儼然龐然大物，小心翼翼的擠過狹窄的街道、低矮的木屋、亂堆的雜物。路人其實不是過路人，只是站在自家門口；從門口可以一眼看盡家裡的陳設，包括床。

經過一條汚濁的小河，或者只是一條死溝吧，溝邊一長排破爛木房子，鐵皮搭著木條，塑膠布蓋著屋頂，釘釘補補，遮遮蓋蓋、頹然欲傾。

「臺北市還有這樣的地方？」我問許榮淑：「剛剛那地方叫什麼名字？」

許榮淑不知道，有人替她回答了：「社子區，葫蘆島。」

車子要轉彎了，我似乎聽見自己的思緒：不，不要談什麼「已開發」國家。臺灣只要還有葫蘆島的存在，它就不是一個「已開發」國家。

「各位親愛的臺北市民……」麥克風已經換手又換手——爲什麼只有閩南語？

臺北市恐怕有百分之三十以上的人口不懂閩南語，這是國民黨四十年來有意壓抑方言的不幸結果，但這不幸結果是一個已存的現實，不能不正視。省市長民選是一個屬於所有臺灣住民的問題，本省人民希望有更大的參與權，外省人民、客家人民、山地人民也同樣希望有更大的參與權。要求省市長民選，是一個權利公平分配的問題，不是一個意識形態對抗的問題。對於這樣一個屬於全民的問題，民進黨自我設限的只用閩南語訴求，豈不是無形中將一個權力分享的問題狹窄化、惡化爲一個意識形態的問題？民進黨難道只是閩南人的黨嗎？我不希望如此。國民黨排斥閩南語是一個嚴重的錯誤，民進黨是不是有足夠寬闊的視野，不對「北京話」犯同樣的錯誤？我希望如此。

警車在前面開道，呈現在康寧祥、姚嘉文、許榮淑、康水木眼前的，是一條寬廣無限的大道。眼前這開道護航的警察，沒有多久以前，還忙著抬拒馬、設鐵絲網。制服筆挺的警察，當湊近時，看得出是一張張英挺年輕的臉孔。我不想知道他是閩南人或客家人或外省人，我知道他是在臺灣生長的子弟，就足夠了。我不想知道他屬於國民黨或民進黨或工黨，我知道他在執國家的法，就足夠了。

然而，究竟有多少警察是民進黨或工黨呢？如果警察全是國民黨員，他究竟代表黨還是代表國家呢？黨不是國家，國家不是黨。要人們把警察不看作黨的「爪牙」，而看做國家的公器，恐怕加入黨派的警察越少越好吧。

車隊終於到了臺北市政府，路兩旁站滿了警察。寧夏分局長誠摯而客氣的要求康寧祥停止演講，因爲事先沒有申請演講。然而演講繼續進行著，警察在發不發「警告」通示之間猶豫了一下——如果在眼前林立的警察中，有百分之三十的國民黨員、百分之三十的民進黨員、百分之二十的工黨員，百分之二十的無黨無派，這猶豫片刻也許就毫無必要吧？

站立了三個小時，行了四十三公里，穿過一百六十個紅綠燈，越過三座高架橋，兩座跨河大橋，我看到的臺北市仍舊是一個市容極其醜陋、交通令人窒息，但卻是生命強旺得令人關愛的地方。

記於一九八八年三月十四日

何必曰臺灣！

當我走在匈牙利首都布達佩斯的街頭時，有人問我從哪裡來？我說：「臺灣。」他的直覺反應就是：「臺灣？臺灣很有錢哦！」我走在西德首都波昂的街道時，當他們好奇的問我從哪裡來的時候，我說：「臺灣。」他馬上說：「很有錢哦！臺灣很有錢哦！」我到東柏林去的時候，有人問我從哪裡來？我說臺灣，他說：「臺灣很有錢哦！」

臺灣的國際形象怎麼會在一夜之間變了過來呢？很多文章也開始討論：我們是不是已經邁入已開發國家？但我們怎麼去判斷臺灣是不是一個已開發國家呢？

我想，會思考的人會說，或許臺灣已經很有錢，但是離已開發國家還有一段距離。

你可以從社會秩序來說臺灣還不是一個已開發國家，也就是從法治的觀點來說；或者是從政治權力分配的觀點來說，臺灣還不是一個已開發國家。我今天要從一個特定的角度來談：臺灣人民的視野，包括知識分子，還很狹窄、偏狹。從這個角度來說，臺灣離已開發國家還有一段距離。

視野怎麼狹窄呢？首先就表現在我們對本土的狂熱關切上。當我和香港的朋友，例如李怡談話的時候，他覺得兩地的知識分子差別很大，臺灣的知識分子對本土的關切，高到近乎狂熱的地步。這一點其實不只是香港人看得出來，而且包括住在臺灣、關心臺灣的外國朋友也注意得到。當你把幾個知識分子放在一起，你想想看他們會談什麼主題？我敢打賭，他們一定是談臺灣的問題，或是中國的問題。或許今天的大學生也是如此，他們一定談臺灣的未來，或是校園民主的問題，無論如何，他們一定是談本土問題。並不是所有國家的知識分子都是這樣的狂熱，香港就不是。當然，香港是個特例，因爲它是一個殖民地。但你看看美國的知識分子，或是英國的、德國的、瑞士的，他們的知識分子就比較稀鬆平常、冷淡。把三個瑞士知識分子放在一起，他們不會只談瑞士。德國的知識分子也是一樣，他們要是談的話，話題會涉及比較廣，譬如從美國問題到德國本土的問題，接著就扯到以色列和巴游的糾紛，或者是巴基斯坦的問題。德國問題，雖然比較重要，但也只是許多問題之一；他們的視野比較大一點。

在我寫《野火集》的時候，我那位外籍的先生曾嘲笑我說：「你的職業不是教授、作家，而是中國。」

爲什麼中國的知識分子對本土問題有這樣狂熱的關切？我想大致有三個來源：

第一個是儒家傳統思想中，要士農工商中的士把整個天下問題都扛在肩上，以天下爲己任的觀念很深。

第二，可能是因爲我們的國家長期處於動亂之中，人民自然地會關心如何來解決這些問題，所以很有使命感。

一個與我們相反的例子是，隨便在瑞士街上抓一個人來問他現在的總統是誰？他會半天答不上來。在來臺之前，我就問我兒子幼稚園的老師，知不知道管理國家外交的是誰？她想了半天，很不好意思的說：「對不起，我不知道，我去查查好了。」問她國防部長是誰？她也不知道，但是她會說：「反正有這個制度，誰來做都是一樣，反正不會錯，出了錯才需要特別關心。」

第三個原因，我想是執政者有意透過教育的過程，灌輸讀書、救國的觀念。我記得至少在我求學的過程裡，學校從來沒有告訴我，讀書是爲了獲得知識，或是讀書只是爲了自己的快樂。讀書是爲了報國，否則要幹什麼呢？

這麼多因素加在一起，就培養了現代知識分子對自己處境的強烈關切。但是，因爲大部分的人把注意力放在本土問題上，不知不覺中阻礙了對國際事務的拓展。

第二個現象是，臺灣關於國際事物的報導，相對於其他國家的報紙顯得很少，即使有的話，也只是很膚淺的報導有這麼一件事而已，不會用很大的篇幅去深入分析它的背景與問題。即使在解嚴之後也是如此。例如巴拿馬這次事件，報紙無法告訴我們它是一個怎樣的國家，它的人民、它的制度如何？

第三個現象是，我們的媒體還缺乏一種獨立的觀點。但是一個成熟自主的國家，不可以也不會用別人的眼睛去看這個世界。給我印象最深刻的是在「國際新聞與世界報導」中有一美國記者報導葉門這個國家的故事。這個美國記者報導說，當地的人喜歡嚼一種草葉，嚼了之後有一種快感，計程車司機嚼，公車乘客也嚼，大家一天到晚都在嚼。言外之意是說，這是一種落後的情況。但是，如果是一位中國人到那裡去報導的話，他的角度不一定是如此，因爲我們自己也嚼某一種東西——我們自己不是也嚼檳榔嚼得很快樂嗎？所以如果是我們自己去報導，應該就不會採取那種眼光，因爲我們自己也有那種習慣，也就不會有那種印象。我們跟美國的文化背景、思考習慣相當不同，不應該照單全收。

最近發生的一件事情是，有一家電視臺用了美國電視臺關於南非現況的報導，結果招引南非駐臺官員的抗議。聽說因此後來又播了另一則關於南非較正面的報導。這表現出一方面我們要用美國那種比較負面的報導，但另一方面爲要平息南非的抗議，又取了另一個極端的報導，但結果還是別人的報導，一正一反，最後都是別人的眼光。臺灣如果有錢的話，難道沒有實力到實地去採訪、去研究，然後用自己的眼光下結論嗎？

第四個讓我說這裡視野狹窄的例子是，我們有很多保存多年的「神話」，到現在還繼續受到保護。

有很多神話現在是在逐漸的破壞之中，但有兩個神話卻一直存在，一個是「西藏神話」，一個是「蒙古神話」。

從我們的報導中，知道西藏正在發生暴動，但是，我們的媒體告訴我們暴動的原因是什麼？「反共抗暴啊」、「西藏人愛中華民國啊」！

問題是，西藏人並不是爲了反共，而是爲了要獨立啊！這不是很尷尬嗎？

我在瑞士和西藏達賴喇嘛駐中歐總代表談這個問題時，他表示「我們只是要自治，不管是誰派三十萬大軍來，我們都不願意」。他的邏輯很簡單，既然漢人不願意滿人和蒙古人入主中國，那爲什麼漢人要入主西藏呢？

從臺灣內部和外部看西藏問題是很不一樣的。而臺灣的視野受到局限是因爲有人想保護多年編出來的神話，不讓人看到眞相。

那麼蒙古呢？蒙古也是我們的啊！我寫信給蒙古政府，希望以一個新聞觀察員的身分去看看他的國家，他們猶豫了很久，一直沒有給我答覆。後來蒙古駐聯合國官方代表私下跟我說：「南韓的代表都已經去了。」我說，「臺灣和南韓那麼近，爲何我不能去呢？」他說：「很簡單啊，南韓並沒有說蒙古是南韓的一部分啊！」

不了解別人，就不了解自己

也許你會說，視野窄又怎麼樣呢？不了解外面的世界，又怎麼樣呢？我相信，不了解別人，就不可能眞正的了解自己。

最近我自己的一個經驗，給我很大的啓發，我曾經過寫一篇東西叫〈讓藝術的歸藝術〉，談的是文學的問題。臺灣的作家經常抱怨西方世界漠視臺灣、不了解臺灣、卻一窩蜂的捧大陸的作家。我說，這種一窩蜂捧的現象，對當代中國文學的發展是有害的。因爲西方所謂漢學家或對中國文學有興趣的人，他們所注意的是政治性、新聞性、社會性的，並不是眞正的挑選當代最好的作品，而是選那些被批判的、坐牢的、出事的。哪一本書有很強的政治性，他們就把它選出來，那些被選出來的作家，往往不是最好的，而是政治性很濃的作家。

我當時認爲，這是臺灣和大陸間的問題。西方漢學家用雙重標準來看臺灣和大陸，這是一個當代中國文學的問題，一直到我到了匈牙利，跟當地一位作家談，才發現其實不然。我問他作爲一個作家有多大自由？他反問我，你從西方世界來，爲何第一個問題是這個，而不是別的？他說，所有西方（指資本主義社會）作家和記者來到匈牙利的第一個問題，全是這個問題——你有多大自由？此事讓我開始深深反省：爲什麼我也在那個圈套裡面？

我似乎找到了答案。我對一個共產作家有幾個先設的假定：第一個假定，他是沒有自由的；第二個假定，我是有自由的，因爲我生活在西方世界；第三個假定，有自由的我是比沒有自由的他優越。在這三個假定的框框中，我問他的第一個問題便是「你有多大自由」，用來求證我的假定對不對。他的答案如果是肯定的，我的優越感就得到滿足，因爲我可以「拯救」他。

接著他說，西方世界對匈牙利文學太不公平，他們挑選的文章、作家，全是有政治性的、爭議性的，結果出名的盡是些出事情的、被關的作家，眞正好的作家卻都不知道。

我一聽就愣了！原來這不是一個中國的問題嘛！

有次遇到一位捷克的作家，跟前面所說的那位匈牙利作家一樣，他說西方人根本不了解他們、漠視他們，用一種政治的眼光來找文學作品。

這個經驗給我的啓發是，本來我以爲這只是臺灣和中國的問題，有過這兩次的經驗，我發現事實上這是全球性的問題，是一個意識形態的問題。所以以後我再談臺灣和中國的文學問題時，範圍就會比較廣。也因爲和他們的接觸，使我對自己的問題，有了新的考慮和了解。

再說，了解外面的世界有什麼用呢？

我想跟我們有最迫切關係的是東西德的問題，對我們的現狀了解也有好處吧！西德人民最初也說要光復東德，什麼收復河山，拯救東德人民於水深火熱之中等。但漸漸的，東西德人發覺，這樣搞下去沒什麼意思！所以讓雙方先承認這是事實，承認東西德是兩個獨立的實體，雙方先做朋友，先有來往，先有了解，這樣雙方的下一代才不會斷掉。他們發現，惡性的仇視可以由良性的競爭來取代。

說完視野的問題之後，現在我要講今天的第二點：我們有富國的財產，但是卻有窮國的心態與行爲。我不是要說開賓士車的人往車外面吐痰，或是是打高爾夫球的人進了廁所後，把廁所搞了一團糟。我的意思是，做爲一個非弱國，我們應對國際社會有某一程度的道德責任與擔當。

我們大家都知道王永慶，他是個從無到有的企業家，受到政府的保護、勞工的支持、法律的保護等。到了今天，他是個很重要的企業家。但是，我們的社會跟他說什麼呢？我們說的是：「王永慶，你該回饋社會了！」

可是，相同的情況是，臺灣從無到有經過了什麼？我們有美援（不管它背後的動機是什麼）、世界市場的支持，我們的學生接受先進國家的獎學金、享受了很多年的盜版，因爲我們是弱國，所以享受很多優惠的關稅。

但問題是，臺灣今天已經大不一樣了，如果王永慶應該回饋臺灣社會的話，那麼臺灣今天就應該回饋這個世界，如果你要稱自己是已開發國家的話，就不能只享受而不付出。

「回饋」是什麼意思？

回饋當然有很多種方式。在諸多的方式裡，我只提「援外」這一點。

我相信一定會有人說：爲什麼一定要援「外」，爲什麼錢要給別人？自己的窮人還不夠？

應該等到自己的農民、礦工都受到照顧，也就是自己的國家都「沒有問題」的時候，才能夠去援助別人。

這個說法聽來合理，其實是不合理的。原因是，如果要等到這一天，這一天永遠不會到來。世界上沒有一個「沒有問題」的國家。

那麼應該什麼時候，把關心的範圍從小小的家門，擴大到自己的家門以外？我認爲，當非洲兒童吸吮著母親乾枯的奶時，而臺灣竟然還一年吃掉一條高速公路，這個時候就應該外援。

說到同情心與關切範圍的擴展，這就是我今天的題目——〈何必曰臺灣〉的來源。

《說苑》：「楚共王出獵，而遺其弓，左右請求之，共王曰：止，楚人遺弓，楚人得之，又何求焉？仲尼聞之曰：昔乎其不大矣！人遺弓，人得之，何必楚也？所謂大公也。」

這是一個意境的擴大，視野的擴展。這段文字讓我想到，臺灣的財富來自哪裡呢？來自這個世界，來自印度、巴基斯坦，也來自阿富汗，當她可以的時候，她應該回饋到這個世界。《說苑》的題目是〈何必曰楚？〉，而我的題目〈何必曰臺灣！〉就是這個意思。

臺灣目前所處的已經不是八國聯軍的時代，也不是租借地的時代，臺灣處的是一個已進入地球村的時代，進入這個地球村的時代之後，我們不能再扮演一個「我是弱者，所以你必須對我好一點、給我多一點」，也不應該有那種特別強調愛國家、愛民族的心態，來保護自己，像「龍的傳人」那樣的歌，流露出我們因爲自卑所以特別自大的心理。

一個新的自信的臺灣，會有一個開闊的、平衡的、健康的世界觀；一個視野開闊、胸襟開闊的臺灣，會教導他的下一代愛自己的民族、國家固然重要，愛世界、愛「人」更重要。一個充滿自信的中國人，在傳統與世界之間，敢對自己的下一代說：承先固然重要，啓後更重要。比忠於國家、孝於父母、仁愛於鄉里的傳統價值更有意義的，恐怕是「公平」兩字，打破親疏觀的公平、公正。

以前我們小時候念書都說我們是「泱泱大國」，這「泱泱大國」說的就是視野的寬廣，關懷面的擴大，原因很簡單，沒有一個好的地球村，我們就不可能有一個好的臺灣。你如果不可能好好做一個「人」，也不可能做個有意義的中國人。在開發與未開發之間有一個重要的分野，就是世界觀的寬還是窄，大還是小。

我自己深刻的相信，我是中國的兒女，我是臺灣的兒女，但我更是這個世界的兒女，這個時代的兒女。我不只祈求臺灣的前途很有希望，我當然祈求中國有很好的前途，但是我更強烈的祈求這個世界有很好的希望，人類有很好的前途。

一九八八年三月十六日

新人間叢書902

人在歐洲

作　者——龍應台
董事長
發行人——孫思照
社　長——莊展信
出版者——時報文化出版企業股份有限公司
台北市108和平西路三段二四〇號四F
發行專線——(〇二)二三〇六六八四二
讀者免費服務專線——(〇八〇)二三一七〇五
(如果您對本書品質與服務有任何不滿意的地方，請打這支電話。)
郵撥——〇一〇三八五四～〇時報出版公司
信箱——台北郵政七九～九九信箱
電子郵件信箱——liter@readingtimes.com.tw
網址——http://publish.chinatimes.com.tw
主編——鄭麗娥
編輯——黃嬿羽
校對——趙曼如・蘇清霖・高桂萍・龍應台
排版——正豐電腦排版印刷有限公司
製版——成宏照相製版有限公司
印刷——嘉雨印刷事業股份有限公司
初版——一九八八年六月十六日
二版一刷——一九九六年七月十六日
三版五刷——二〇〇〇年十月十五日
定價——新台幣二二〇元

ISBN 957-2387-13-X
Printed in Taiwan

國家圖書館出版品預行編目資料

人在歐洲 / 龍應台著. -- 三版. -- 臺北市 :
時報文化, 1997[民86]
面 ; 公分. -- (新人間叢書 ; 902)

ISBN 957-13-2387-X(平裝)

855　　86009896

編號：AK 902	書名：人在歐洲
姓名：	性別：________ 1.男 2.女
出生日期： 年 月 日	身份證字號：

________ **學歷**：1.小學 2.國中 3.高中 4.大專 5.研究所（含以上）

________ **職業**：1.學生 2.公務（含軍警） 3.家管 4.服務 5.金融 6.製造 7.資訊 8.大眾傳播 9.自由業 10.農漁牧 11.退休 12.其他

地址：________縣（市）________鄉鎮區________村________里

________鄰________路（街）________段________巷________弄________號________樓

郵遞區號________

（下列資料請以數字填在每題前之空格處）

________ **您從哪裡得知本書／**
1.書店 2.報紙廣告 3.報紙專欄 4.雜誌廣告 5.親友介紹
6.DM廣告傳單 7.其他________

________ **您希望我們爲您出版哪一類的作品／**
1.長篇小說 2.中、短篇小說 3.詩 4.戲劇 5.其他________

您對本書的意見／
________ 內　　容／1.滿意 2.尚可 3.應改進
________ 編　　輯／1.滿意 2.尚可 3.應改進
________ 封面設計／1.滿意 2.尚可 3.應改進
________ 校　　對／1.滿意 2.尚可 3.應改進
________ 翻　　譯／1.滿意 2.尚可 3.應改進
________ 定　　價／1.偏低 2.適中 3.偏高

您的建議／

____

____

____

請沿虛線撕下後對折裝訂寄回，謝謝！

請沿虛線摺下裝訂，謝謝！

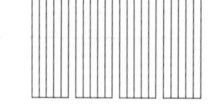

廣告回郵
北區郵政管理局登記證北台字1500號
免貼郵票

時報出版
CHINA TIMES PUBLISHING COMPANY
尊重智慧與創意的文化事業

地址：台北市108和平西路三段240號4 F
電話：（080）231-705（讀者免費服務專線）
（02）2306-6842。2302-4075（讀者服務中心）
郵撥：0103854-0 時報出版公司

請寄回這張服務卡（免貼郵票），您可以——

●隨時收到最新消息。

●參加專為您設計的各項回饋優惠活動。

新人間

新人間

新感覺・新人間・文學的新版圖

寄回本卡，掌握新人間系列的最新訊息